西浦和也選集
獄ノ墓

西浦和也

怪談文庫

目次

蔵の人たち

二〇二〇年の五月、北九州で不動産業を営むS水さんという男性からTwitter経由でこんな連絡をもらった。

――昔、不動産業を始めたばかりの若い頃、自分が担当した物件で奇妙なことが起きたんです。あまりにも怖いので周りに話したんですけど、西浦和也さんの話にそっくりだと言われるんです。だから聞いてもらえますか?

それは、北九州市郊外にある旧家を買い取り、その土地を分譲するというプロジェクトに関わった時のことだった。

旧家は明治の頃に建てられた木造二階建ての一軒家。何度か増築された様子があり、当時流行《はや》った和洋折衷の内装と、家の真ん中の廊下には大きな蔵が造られていた。とはいえ近年は大きな修繕もされず、内外共に煤《すす》けており、随分傷んでいたという。

持ち主は数年前から住み始めた小さい男の子を持つ若夫婦で、夫は忙しいのかこれまで何度訪ねても、仕事で不在ばかりで一度として会えたことがない。

売却の話は遅々として進まず、どうしたものかと頭を抱えている時、先方から話を進めたいので家に来てくれと連絡があった。

早速上司と家に出向くと、待っていたのは妻と幼い息子の二人だけだった。

「すみません。夫が急に仕事に出ちゃって。代わりに私が承りますので……」

玄関先で妻が申し訳なさそうに頭を下げる。その横で息子が大はしゃぎをしている。どうやら来客は珍しいらしく、家の中を案内したいようだ。

とりあえず大きな和室に通され、上司が売却の話をまとめていると、

「おじさん、おじさん。うちね、お化け屋敷なんだよ」

「え?」

そう言ってS水さんの腕を掴んで部屋の外へと引っ張って行く。仕方なく息子についていくと、そこは話で聞いていた、蔵のある廊下だった。

「この中からね、たくさん白い人が出てくるんだよ」

そう言って息子は蔵の扉を指さす。

「本当に?」

「うん、毎日出てきて家の中を歩くの」

驚くと同時に興味を持ったS水さんは、二、三歩前に進むと、扉に手を掛けた。

「だから、夜は来ちゃ駄目なんだって」

まったく怖くないのか、息子はにこにこした顔でそう言った。S水さんは触れていた扉の手をそっと降ろした。


その後、話はとんとん拍子にまとまり、ほどなくして一家はその家を後にしていった。

プロジェクトは前進し、すぐにでも家を取り壊して、敷地を整地することとなった。

家の周りをぐるりとフェンスが取り囲み、解体用の重機が運び込まれた。

「すいません、あの家なんですけど壊しちゃう前に、入らせてもらっていいですか?」

S水さんは上司に頼み込むと、家の鍵を預かり、友達四人で家を探検することにした。

もちろん、古い造りの家に一晩泊まってみたいということもあったが、あの息子が言った「お化け屋敷」というのが気になって確かめたくなった。


解体を控えた前日の夜、S水さんは三人の友達と懐中電灯を手に、建物の中に入った。

電気はすでに止められており、室内は闇に包まれていた。頼りになるのは懐中電灯と、雨戸の隙間から漏れるわずかな月の明かりだけ。

家具はすっかり運び出され、がらんとなった家の中を、懐中電灯の光が照らし出す。黒光りする柱や、そこに貼られた古い火伏せの札、波うったガラスに反射する光など、昼間見た時は何も感じなかったものでも、夜中に改めて訪れるとどれもこれも怖く感じる。外からは時折、虫の声が聞こえ、それが一層怖さと寂しさを盛り上げた。

「確か、この奥に蔵があったはず……」

そう言いながら、家の真ん中を目指す。やがて廊下の向こうに半開きの蔵の扉が見えた。近寄って中を照らすが、どこまでも広いのか、懐中電灯の光が中の闇に吸い込まれていく。

「なんか気持ち悪くないか、ここ」

そう言いながら、友達のひとりが中を覗き込む。次の瞬間、突然中から吹き出した冷たい風に思わず声を上げ、覗かせた首を引っ込めた。

さすがに中に入るほどの勇気はなく、蔵を離れると他の部屋を調べて回った。

畳敷きの、大きな和室や、小さな暖炉のある洋室。増築されたと思われる納屋や、老朽化の進んだキッチンや風呂などの水回り。どれもこれも物珍しく不気味に見えた。

だが一時間ほどもすると、暗闇に目も馴染み、それほど怖くはなくなってきた。

「なあ、明日も早いし、とりあえず寝ない？」

S水さんが声をかけると三人は大きく頷いた。周りを見渡すと、わずかに家具の残された洋室には、大きなソファーがある。他に休めそうなのは畳のある和室だけ。そこで四人は二手に分かれ、それぞれ和室と洋室で寝ることにした。

Ｓ水さんは畳の部屋でごろりと横になると、すぐに寝息を立てた。

「おい！　Ｓ水起きろよ！」

突然肩を揺さぶられ目を覚ますと、目の前には洋室で寝ていた友達の姿がある。思わず寝過ごしたと思い、時計を見るとまだ寝てから数時間しか経っていない。

「なんだよ便所か？」

「違うよ、出たんだよ」

洋室で寝ていた友達はガタガタと震えている。

聞くと、ソファーで寝ている時、急に体が動かなくなったのだという。これが金縛りなのかと思っていると、隣で寝ている友達が大きな唸り声を上げているのに気づいた。

振り向こうとしたが、何かに押さえつけられたように首が動かない。僅かに動く目を声のする方に向けると、友達の周りを白い何人もの男女が取り囲み、ぶつぶつ何かを唱えながら見下ろしているのが見えた。

（あれって蔵から出てきた人……）

そう思って見ていると、不意に頭上で男の声が聞こえた。

見上げるといつの間にか数人の男が自分の周りを取り囲み、見下ろしている。

「………ケイケ」

口々に何かを言っているがよく聞こえない。パニックになってひたすらもがいていると、

「デテイケ、デテイケ、デテイケ……」

男たちの声が大きくなり、そこで意識が飛んだ。

目が覚めると身体の自由は元に戻り、あの白い人間の姿は消えていた。隣では、意識を失ったままの友達が泡を吹いて倒れており、慌てて起こすとS水さんのいる和室へと飛び込んだという。

驚いたS水さんたちは、慌てて建物から飛び出すと乗ってきた車に飛び乗り、その場から逃げ出した。


翌日、建物の解体が予定通り始まった。ところが重機の故障や小さなトフブルが続き、解体は思うようにいかない。仕方なく、途中で神社の宮司にお祓いをしてもらい、ようやくのことで建物の解体が終わった。

いわくのあった蔵の中からはそれらしきものは何も見つからなかったが、工事が進み、整地が始まると蔵のあった土中から、奇妙なものが見つかった。

深さ一メートルほどの土の中から、百基以上もの朽ち果てた墓石が出てきた。石の泥を落としてみると、古くは文字が削れて読めない江戸時代後期くらいのものから、建物が建てられたと思われる明治中期までのものがあった。

それらが土中に、まるで柱のように立てて並べた状態で埋まっていた。

工事は一時的に中止となり、墓の持ち主や子孫を探すこととなった。七十基ほどは持ち主や引き取り手が見つかったが、結局残りの三十数基は持ち主が見つからなかった。

工事は再開されたが、相変わらず事故やトラブルに見舞われた。

「仕方がないんで、元あった敷地の真ん中にお墓を建て直したんですよ」

近所の寺から住職が呼ばれ、ひっそりと法要が行われた。

当初、六軒の家を分譲する予定でいたが、墓を建てる敷地の場所などを考慮すると、四軒の家が精一杯だった。

――おかげで、新しく建った家に幽霊は出なくなったんですけど、当時は結構な噂になったので、かなり安い売値になっちゃったんですよ。でも、似たような話ってあるんですね。

とS水さんが話してくれた。
今その辺りは、近くに大型スーパーが建ち、大いに賑わっているそうだ。

正直に言うからだ

これも、先の話で出てきた北九州で不動産業を営むS水さんの話だ。

それは今から三十年ほど前の話。まだ駆け出しの頃のS水さんは、不動産管理会社で同じく新人のT中さんとコンビを組んで、担当するエリアのマンションを管理していた。管理といっても住み込む訳ではなく、決められた時間にマンションへ通い、上の階から下の階へ向かって、共用部分の電灯が切れていないか、設備に不備はないか、汚れやゴミはないかを定期的にチェックするのだという。

その日もT中さんとマンションへ向かうと、エレベーターで六階まで上がり、チェックを始めた。六階、五階と終わり、四階へ差し掛かった時だった。階段を降り、廊下の電気をチェックしていると、突然廊下の突き当たりで何かが動いた。二人でその方向を見ると、下着姿の男が部屋のドアの方を向いたまま、何かに驚いている。薄手の黄ばんだランニングに紺色のトランクス姿で、裸足のまま廊下に立っている。「どうしたんですかね？」気になった二人は、男の元へと廊下を歩いていく。

するとき男はその様子に気づいたのかこちらを振り向くと、一瞬驚いたような表情をしたあと、薄笑いを浮かべ、会釈をしながらドアの中へと消えた。

「え？」

驚いた二人が慌てて近寄るが、ドアが開いた様子も音もない。ただドアの中に吸い込まれたように見えた。

慌ててチャイムを鳴らしたが応答がない。ドアノブを回してみても鍵がかかっているのか開く様子はなかった。

「S水さん、何か臭いませんか？」

確かにドアの前に立つとものすごい臭いがする。

「確かに……これってもしかして」

二人は急いで一一〇番に連絡をすると警察の到着を待った。

しばらくすると、強行犯係を名乗る警察官が現れた。立会いのもと、合鍵でドアを開けると、玄関の前に男の腐乱した死体があった。服装はさっき二人が見た薄手の黄ばんだランニングと紺色のトランクス姿。さっき見た男に違いないだろう。

「ご苦労様です。どうしてお二人は、ここで死んでいると思われたんですか？」

おもむろに警察官がS水さんに聞いた。

S水さんはさっき見た光景をそのまま警察官に話した。

「幽霊ですか？」

警察官は怪訝そうな顔をすると、

「では死体の検案が終わるまでは、お二人は第一発見者兼、容疑者ということで署まで来てもらえますか」

とふたりを連行したという。

「結局、検案が終わったのはその日の夕方で、会社に戻ったのは夜だったんですよ」

会社に戻ると、何人かの社員はまだ残っていた。てっきり自分たちの苦労に、お疲れ様と労いの言葉をかけてくれると思っていたが、返ってきたのは「正直に幽霊なんて話すから、そういう目に遭うんだよ」という冷たいものだったという。

以来S水さんは、管理先で何を見ても幽霊とは絶対に言わないことにしている。

待ち人来たらず

Ｊ条さんは東海地方で、リノベーション専門の内装業を営んでいる。

ほとんどが賃貸物件の仕事ばかりで、その日も賃貸物件の内装工事の下見で街の郊外に、仲間の業者とともに呼び出された。

物件のオーナーに渡された住所へ着いてみると、古い木造の二階建ての家が建っている。

オーナーの話では戦後すぐに建てられた建物で、今は丸ごと一軒住居として貸しているが、不思議と長く居着く人がおらず、最近もわずか二ヶ月で出て行ってしまったという。

そのため、今時の人に合うように内装を変えてほしいとＪ条さんたちが呼ばれたのだ。

仲間は既に到着しているらしく、家の前には見知った何台かの自動車が、目印のように停まっている。

「お疲れ様～」

声をかけ中に入ってみると、仲間はすでに家の中を見回っている。Ｊ条さんはカバンからカメラを取り出すと、おもむろに室内を撮り始めた。

家の中は結構広く、今で言うと8ＬＤＫほどあるだろうか。何度かリノベーションした様子で、室内はかなり今風の内装に変わっている。

ついこの間まで人に貸していたとは思えないほど、建物の中は綺麗だった。

（これのどこを直すんだろう？）

そう思いながらＪ条さんが、室内を歩き回っていると、仲間のひとりが、

「なんか、気持ち悪いところがいくつかあるんだけど」

と話しかけてきた。これまでもそういった現場はいくつかあったが、ほとんどが、暗くてじめじめしているとか、微妙な家の傾きによる錯覚とか、気分的なものが多い。

どうせいつものことだろうと、Ｊ条さんは声をかけた仲間の後ろをついていった。

仲間が案内したのは、一階のキッチンと道路に面した二階の部屋だった。一階のキッチンはパーティの料理でも作れそうなくらい広く、使い勝手も良さそうだ。だがその一角が照明のせいだけとは思えないほど、薄暗くなっていて気持ちが悪い。

そして二階の部屋は、道路に面していて日当たりもよく、腰高の窓には年代ものの手すりがついている。前の住居人があまり使わなかったのか、この部屋は特に綺麗だ。

ただこちらも、言われてみると妙に気持ちが悪い。

二つの部屋とも何が気持ち悪いのか、はっきりした理由はわからなかったが、仲間の職人たちも口々に同じことを言う。

その中のひとりが「俺、知り合いに拝み屋さんがいるから、電話で聞いてみるわ」とポケットからスマホを取り出すと、電話をかけ始めた。

電話はすぐに繋がり、この建物の気持ち悪さを伝えている。すると、

「今日は別件で動けないんで、遠隔で霊視してくれるってさ」

と、持っていたスマホをスピーカーにして部屋の真ん中に置いた。

スピーカーからは、何やら拝み屋さんの唱えるお経のようなものが聞こえる。

やがてそれが終わると『視えました』とスピーカーから落ち着いた男性の声が聞こえた。

拝み屋さんには家が気持ち悪いと伝えただけで、部屋の間取りも場所も教えてはいないが、この家には「キッチンと二階の部屋に二体の幽霊がいる」と言う。

『キッチンの薄暗くなった場所にいる幽霊は最近のもので、特に害はないんですけど、二階の道路に面した部屋にいる幽霊はちょっとね……』

と、拝み屋は少し困った様子の声で言う。

「二階の幽霊に何か問題があるんですか？」

仲間のひとりが聞いた。

『道路が見渡せる窓際に、綺麗な女性が座ってるんですが、その女性がこの家に住もうとする人たちを追い出してるんです』

確かにオーナーからは、なぜかこの家には長く居着く人がいないと聞いている。

「どうにかならないんですか?」

『おそらく、待ち人が来るまでは無理でしょうね』

「待ち人?」

『はい、その女性はずっとその部屋で、大好きな人が来るのを、通りに面した窓辺に座って待っているんです』

「その人はいつ来るんですか?」

『おそらく先にあの世へ行ってしまっているので来ないでしょうね。家をリノベーションするなら、二階のその部屋だけは手をつけないでください、怪我をするといけないので……』

そう言って電話が終わった。

「いや〜、遅れてしまってごめんごめん」

電話が切れると同時に、玄関から建物のオーナーが飛び込んできた。

J条さんがこの建物はなんだったのかと聞くとオーナーは、

「話してなかったっけ？　この辺りは昔、置屋が多く並んでいた場所でね。ここもその一軒だったんだよ。だからキッチンや水回りの作りもしっかりしているし、家の見た目も良いので何年か前に買ったんだけど、なぜか人が居着かなくてねぇ」

J条さんたちは話を聞いて、すべての理由がわかったような気がした。

二階にいる女性は今も窓辺に座って、もう二度と来ることはない恋しい客を待ち続けているのだろう。

そう思うと女性が哀れでしょうがなかった。

オーナーと共にもう一度、一階から室内を回っていると、仲間のひとりが「窓を開けたのは誰だ?」と言った。

見ると二階の道路に面した腰高の窓が、いつの間にか開いていた。

闇で叫ぶ声

怖い話をする時、私はあえて場所や細かな設定を変えることが多い。それは、話したことでその場所が心霊スポット化してしまったり、ありのままに伝えてしまうことで微妙な違和感が生じて話に集中できなくなることを避けるためだ。また実際の事件の場合、被害者の特定がされないようにとの配慮もある。

要は怪異の本質が大事であり、枝葉においては不要な要素はできるだけ排除することとしている。

今から三年ほど前の年末、同じ番組で共演していた事故物件住みます芸人のM原くんが司会をしているネット放送に、出演して欲しいと連絡があった。番組の内容は、怖い話のトーナメント戦で、それに出場して欲しいとのこと。

元来勝負事はすごく苦手なため「一度きりなら……」と条件付きで承諾し、二〇一八年十二月二十二日、会場となる大阪へと向かった。

楽屋では、そうそうたる猛者たちが集まり、熱気に包まれていた。ある人は通路でひたすら今日語る話の練習を繰り返し、ある人は部屋の隅でじっと動かない。またある人は余裕なのか笑いながら、モニターテレビを覗いては他の人の演技を批評している。

やがて自分の出番となり、ステージへと向かったが、ものすごい雰囲気に呑まれたのか、照らされるいくつものカクテルライトに舞い上がったのか、持ち時間十分のところ、枕である専門学校の話を六分以上話してしまい、肝心の怖い話はまとまらないまま惨敗を期す形となった。あまりのふがいなさに、穴に入ろうかと思ったくらいだ。

その時、披露しようとしていたのはこんな話だった。

数年前まで勤めていたK社で、デザイナーのT山さんから、何年か前に体験した話を聞かされた。

しばらくぶりに大学時代の友人と会い、飲んで話が盛り上がった時、誰かが「みんな五十歳も過ぎたんだし、昔みたいにどこかへ出かけようぜ」と言い出した。確かに、今まで仕事や子育てに追われていたので、昔みたいに自由にどこかへ出かけたい。誰が言うともなく話はまとまり、今度の連休中、二泊三日で北関東の草津温泉へ行こうという話になった。

メンバーはT山さんと仲の良い通称〝やくしょ〟さん、それとC葉さんとK林さんの四人。

車はキャンプ道具を持っているC葉さんがワンボックスカーを出すこととなり、運転は免許を持っているC葉さんとK林さんが交代で担当。ホテルの手配は、やくしょさん、何かあった時の交渉役はT山さんと決まった。

連休初日、四人は車に乗り込むと、草津を目指して走った。途中いくつかの観光スポットにより、あれこれつまみを買いながらホテルへ着いたのは、夕食の少し前だった。

「え、そんなこと……どうにかなりませんかね」

フロントでやくしょさんが、何やらもめている。T山さんがあいだに入って話を聞くと、どうやら間違えて一泊二日で予約を取ってしまったらしい。

延泊を希望したが、さすがに連休中に四人は難しいと断られてしまった。すぐに観光センターに問い合わせてもらったが、どこも満室で翌日の宿が見つからない。

「悩んでいてもしょうがない。とりあえず今夜は思いきり騒ごう」

四人は部屋に入ると、買ってきたお酒とつまみで一晩中盛り上がった。

翌朝、ホテルを出発した四人は「このまま帰っても、つまらないから、どこかキャンプ場を探そうよ」「そうだね。ちょうど車にキャンプ道具もあるし」と、東京へ戻る道すがらキャンプ場を探した。

看板を見つけると、脇道へ入り空いている場所はないかと探したが、どこも満車でなかなか見つからない。そうこうしているうちに、だんだんと東京へと近づいていく。

　半分諦めかけていた時、木々の間からキャンプ場の看板が見えた。急いで脇道に入り、入り口の管理事務所へと向かう。

「すみません、どこか開いているスペースないですかね？」

　T山さんが尋ねると「河原の一番奥に、一台だけ停められるスペースがあるよ」と出てきた若い男が答えた。

　キャンプ場は荒川沿いに作られており、車の停められる手前はテントの並んだ河原と、その後ろには緩やかな斜面。川を挟んだ向かい側は、切り立った断崖になっている。

　早速、キャンプ場の奥へ入ってみると、河原は枯れ草や枯れ枝に覆われているものの、かろうじて車一台と、テントを広げる場所が残っている。

　すぐに車を停め、中からテントとバーベキューセットを出すと、四人はバーベキューを始めた。ビール片手にわいわいやっているうちに、酔いが回ってくる。

「悪《わり》い、もう限界だ。先に寝るわ」

　昨日今日と運転づめだったC葉さんとK林さんが声を上げた。

「だったら、車のシートを倒して、フルフラットにして二人とも寝ろよ。俺とやくしょはテントで寝るから」

明日も二人には、運転をしてもらわなければならない。T山さんの気遣いだった。

二人が寝た後、T山さんとやくしょさんは後片付けを済ませ、テントに潜り込んだ。ところが河原の石が所々体に当たり、寝心地が悪くてなかなか寝付けない。仕方ないのでしばらくの間、昔話に花を咲かせていると、テントの外で人を呼ぶ声が聞こえた。

「タカユキー、タカユキー！」

それは金切り声にも近い悲痛な声。「きっと何かあったんだ」T山さんたちはテントから這い出ると、荒川の河原に飛び出した。夜遅いせいもあり、他のテントの明かりはほとんど消え、辺りは漆黒に包まれている。

「タカユキー、タカユキー、どこだ、タカユキー！」

叫び声はいっそう悲痛さを帯びている。声は山あいのキャンプ場に響きわたり、反響を繰り返している。

「あ、T山、あそこ！」

突然やくしょさんが、小さな音を立てて流れる川の方を指を指した。指の先を見るとそこには、川面を照らす懐中電灯の光が見える。光は川面を舐めるように、ゆっくり動いている。「タカユキー、どこだー」

おそらく、声の主が懐中電灯を照らして探しているのだろう。二人は必死になって光の方向を確かめたが、なぜか川面を照らしている懐中電灯と、叫んでいる声の位置がわからない。

「きっと誰かが溺れてるんだ」

大変なことが起きていると、辺りを見渡しても、テントから出てきているのは、自分たち二人だけ。何か腑に落ちないものを感じつつも、このままでは大変なことになると思い、二人は管理事務所へ走った。

「大変です、誰かが荒川で溺れたみたいで、今探してます！」

二人の報告に、事務所で寝ていた管理人は飛び起き、慌ててキャンプ場の奥へと向かった。

ところが戻ってみると、あれほど叫んでいた声も、川面の光も嘘のようにない。

「すみません、なんて叫んでましたか？」

管理人の問いかけに、

「確か……タカユキだったかと……」

すると管理人の表情が少し曇り、

「なるほど。それは近所の人のいたずらです」

「イタズラ？」

「はい、実はキャンプ場に反対している人が近所にいましてね。時々こうした嫌がらせに来るんです」

と答えた。

確かに、今は何事もなかったかのように静まり返っている。

それならばと、T山さんたちがテントに戻ろうとすると、管理人が「そこだと寝れないでしょ。近くに使っていないバンガローがあるので、そっちを使ってください」と言う。言われるがままついていくと、河原から斜面を少し登ったところに、バンガローがいくつか並んでいる。

管理人はその手前のバンガローの鍵を開けると「中のロフトに綺麗な布団が置いてあります。追加料金は要りませんからどうぞ使ってください」と言って立ち去っていった。

中を覗くと、ほとんど使われていないのか綺麗に整頓されている。二人は中に入ると、壁際のロフトに上った。広さは四畳半ほどで、畳まれた布団が二組、置かれている。

二人はそれを敷いて横になった。さすがにテントと違って、暖かいし心地が良い。明かりを消して寝ようとするが、なぜか眠れない。

「なあT山、なんか気持ち悪くないか?」

やくしょさんがぽつりと言う。

「俺も気持ちが悪い。なんかロフトの下の方、変じゃないか？」

起き上がり、二人でロフトの下を覗くが暗くてよくわからない。だが、何かが床の上に置かれているような気がする。慌てて明かりをつけるが、床の上には何もない。

「やっぱ、テントに戻るか……」

T山さんとやくしょさんはバンガローを飛び出すとテントに潜り込み、朝を迎えた。

翌朝、起きてきたC葉さんとK林さんに、昨夜の叫び声のことを聞いたが、二人とも何も聞こえなかったと答えた。

気になったT山さんが後日、キャンプ場のことを調べてみると、意外なことがわかった。

「以前、荒川のあの場所でダムの放流による事故があったんです。当然、事前に連絡はあるんで、その日キャンプ場は休みだったんだけどね、そんなの無視して河原で遊んでたグループがあったんですよ。そこへ流れてきた鉄砲水がグループを襲って、子供のひとりが流されたんです」

すぐに子供は川底から引き上げられたが、すでに心肺停止の状況。そこで救急車両の到着までの間、蘇生を行っていたのがあのバンガローだったという。

「その子供の名前、新聞の記事では、たかゆきくんだったんですよ……」

という内容で、そもそも十分で収まるかもわからない話であった。

どちらにしても、話し損ねたことに悔いは残ったが、翌日、別のイベントに出演した後に私は東京へと戻った。


年が明けた二〇一九年一月半ば。私はT山さんを含めた数人と東京で新年会を開いていた。怪談のことは忘れ、ワイワイと飲んでいると、

「西浦和也さん、以前僕の話した話を、ネット放送かどこかで教え子が聞いたというんですけど、本当ですか？」

斜め向かいに座っていたT山さんが、突然私に尋ねた。

「はい、去年の暮れに、イベントで話させてはいただいたんですが、舞い上がってしまって時間内に話しきれなかったんですよ」

「そうなんですか？　それでもいいので、その番組、教えてもらえませんか？」

負けた恥ずかしさもあり、私は渋々、番組の情報をT山さんに渡した。

「ありがとうございます。見たら感想を伝えますすね」

そういってその場は話を終えた。

それから一週間くらいしてからのこと。T山さんからのメッセージが私に届いた。

——お話、聞かせていただきました。随分緊張されてましたね。ところで話の一部が、僕の話したものから変更されていましたが、どうして変えたのでしょうか？

——お聞きくださり、ありがとうございます。実際の事故が絡んでいるので、場所を特定されないため変更しました。細かなディテールも変更しています。

——そうですよね。でも、なぜ実際キャンプ場のあった○○川を、あえて「荒川」にしたのですか？　彼らは本当は焼肉をしていたのに、あえて「バーベキュー」にしたのですか？　なぜ聞こえてきた叫び声の名前を、あえて「タカユキ」にしたのですか？

一瞬、体験した話を一言一句変えて欲しくなかったのかと私は思った。ところがメッセージのやり取りをしていくうちに、そうではないことが徐々にわかってきた。

——話をされたのは、確か去年の十二月二十二日ですよね。この話に出てくる「やくしょ君」なのですが、実はあだ名の元となった役所勤めを辞めて、飲食店の店長をしていたんです。十二月二十三日、彼の店の忘年会で、従業員たちと近くにある荒川河川敷でバーベキュー大会を開いたんです。ところが、会の途中でやくしょ君の姿が不意に見えなくなったんです。自宅は目と鼻の先なので従業員たちは「酔っ払って帰ったに違いない」と思って、特に気にせず、その日はお開きになったんです。

ところが彼は自宅に戻っておらず、翌日になっても帰ってこない。すぐに警察へ連絡し、のべ二五〇人体制で川を捜索したんですが見つかりませんでした。

しかし一昨日、近くの堤防で遺体が見つかったんです。

送られてくるメッセージに、震えが止まらない。

——なぜ少年の溺れた川を「荒川」にしたんですか？　なぜ普通の焼肉を「バーベキュー」に変えたんですか？　なぜ「十二月二十二日」に話そうと思ったんですか？　なぜ少年の名前を「タカユキ」にしたんですか？

——やくしょ君、本名は「タカユキ」っていうんです。

あまりの内容に、どうしたらよいのかしばらく反応ができなかった。

——きっと、西浦和也さんが前日に話した奇妙な一致の時点で、やくしょ君はあちら、あちらの世界に呼ばれていたのかもしれませんね。

最後の一言で、少し心が救われたような気になった。

今日も怖い話が、電話やネット経由で送られてくる。普通に不思議な話から、事件が絡んだ闇深い話までいろいろだ。

事実、冒頭にも述べたように、細部を隠して話さなければならないものも入ってくる。

もし今回のようなことが再び起きた時、私はどうしたらよいのか？

答えは未だに出ていない。

夢の話

数年前からA子さんは、奇妙な夢を繰り返し見るようになった。

「それは決まって、子供の頃に住んでいた、東京T市の児童公園で、自分は四歳くらいの姿なんです」

夢の中で気づくと、周りでは大勢の子供が遊び、その真ん中に自分がひとりぽつんと立っているという。遠くには工場の煙突が並び、白い煙がモクモクと上がっているのが見える。不思議と意識ははっきりしており、これが夢で自分が立っているのは近所の公園というのもわかっている。

（そういえばこの向こうにブランコがあって、その近くには水飲み場があったなあ）

そんなことを思っていると、急に言いようのない不安な気持ちになった。

それに呼応するかのように、あれほど晴れていた空は急に曇り始め、あたりがだんだんと暗くなる。気がつくと、園内にあれほどいた他の子供の姿はなく、公園の中には自分ひとりが立っている。

（あー、帰らなくちゃ）なぜかそう思うと、A子さんは公園の出口に向かって走り始めた。

あと少しで公園を出られるというところで、突然走ってきた紺色の車が出口を塞ぐようにして止まった。公園から出られず、立ち止まって車を見ていると、突然開いた助手席の窓から一本の手が差し出された。

浅黒い太い腕には、何かが握られている。気になったA子さんが近づいていくと、

「これあげるから、お兄ちゃんと遊ばない？」

運転席から声が聞こえ、それまで固く握られていた掌《てのひら》が目の前で開かれる。手には汗に濡れた十円玉一枚。

「一緒にドライブしようよ」

再び運転席から声がする。しかし幼い姿のA子さんの視点では、車に誰が乗っているかまでは見えない。

「知らない人について行っちゃダメだって、お母さんが言ってたもの」

大きな声で彼女はそう答えると公園の中へと戻っていく。そこで目が覚めた。

(気持ちの悪い夢だったなぁ）と思いながらキッチンへ向かうと、朝食と娘のためのお弁当を作り始めた。

しばらく経って、夢のことを忘れかけていたある夜。気がつくと、またあの公園の真ん

中に立っている自分がいた。あたりはどんどん薄暗くなり、公園から出ようとすると、またあの紺色の車が出口を塞ぎ、助手席の窓からはまたあの十円玉を握った手が差し出された。

「ねぇ、今日こそは一緒に行こうよ」

見えない運転席から声がする。

「いかないもん」

そう言って車から離れようとすると、助手席の手が伸びてきて彼女の手を掴もうとする。必死になって手を振りほどくと、彼女は公園の中へと走った。

「また嫌な夢を見た」

目の覚めたベッドの上でA子さんは大きなため息をついた。そして夢はずっと忘れていた子供の頃の体験だと思い出した。

「あの時は確か、手を振りほどいて逃げたんだよね……」

止まらない震えを抑えつつ、彼女はもうこの夢を見ないようにと願った。

願いが通じたのか、しばらくの間彼女はこの夢を見なかった。

ところが一年近く経った頃、彼女は再びあの夢の中にいた。

公園の出口には紺色の車が横付けされ、

「これをあげるから、お兄さんの車に一緒に乗ろう」

助手席から伸ばされた腕には、相変わらず十円が握られている。

彼女は黙って踵を返すと、公園の内側へと走った。ところが、助手席の腕がゴムのように伸びると彼女の腕を掴んだ。必死になって振りほどこうとするが、握力が強くてなかなか振りほどけない。思い切って、地面に体ごと倒れこむとその勢いで、掴んだ指が離れた。

彼女は這うようにして公園の内側へと逃げた。


次に同じ夢を見たのは、数ヶ月後のことだった。

今度はなぜか腕には百円玉が握られていた。逃げようとするA子さんを伸びてくる腕が何度も掴もうとする。その度、地面へ倒れこみ必死に腕を振りほどく。やがて、業を煮やしたのかそれまで閉じていた助手席のドアが開くと、運転席に座る小太りで肩まで髪を伸ばしたメガネの男が顔を覗かせた。彼女は必死に公園の奥まで逃げ込み、目を覚ました。

「目を覚ました時、運転席の男に見覚えがあるって思ったんです」

それはかつて、幼い子供ばかりを狙った凶悪犯M崎の顔そのものだった。しかし事件は、T市から離れた場所で起きたはず。気になったA子さんが、M崎の足取りを調べてみると一時期、知り合いの工場で働くため、T市で働いていたことがわかった。しかもそれは、あの児童公園のすぐそばの工場。時期を調べると、ちょうど彼女が四歳の頃のこと。しかも夢を見始めた時期と、M崎が処刑された時期とが奇妙に一致している。

「死んだ後、あいつは夢に現れてるの」

かつて観た映画の殺人鬼のような状況に、怖くなったA子さんは、M崎に捕まらないよう、夢の中でいろいろなものを使って逃げられるように工夫をした。

時には落ちている石を使ったり、木の棒を使ったりもした。だが夢を見るたびにM崎の腕は強力になり、一度掴んだらなかなか離さない。

ある晩のこと、M崎に掴まれた腕を振りほどく際に大きく後ろに仰け反り腰を痛打、そのきっかけで夢から目が覚めた。

日が覚めてみると、先ほど打ち付けたはずの腰は痛くない。

(やっぱり夢なんだなあ) そう思いながら時計を見ると、まだ起きるには少し早い。とはいえ目が覚めたのならばと一階のキッチンへ向かうと、娘のお弁当と朝食を作り始めた。

キッチンに立ってしばらくすると、いつもはまだ寝ているはずの娘が腰を押さえながら二階から降りてくる。

「お母さんおはよう、腰が痛いんだけど湿布かなんかない?」

どうやら腰が痛くて降りてきたらしい。救急箱から湿布を取り出し、娘の腰に貼ろうとした時、あまりの状態に彼女は驚いた。真っ赤になって大きく腫れている。

「これどうしたの？」

「わからないけど、ベッドから起きようとしたら急に痛くなった」

慌てて救急車を呼び病院で診察してもらうと、尾てい骨にヒビが入っているとのことだった。

「おかしいですね。これだけの怪我、相当ぶつけなければ、ならないんですけどね」

医者はしきりに首を傾《かし》げたが、A子さんはこれがM崎の仕業だとわかっていた。

――西浦和也さん、娘にまで危害を加えるなら私、今度は逃げずにあいつと、戦おうと思っているんです。

そうA子さんはメッセージを送ってくれた。

それから半年ほど経ったある日、彼女からメッセージが届いた。

――二日ほど前にまたあの夢を見たんです。

M崎の腕が助手席からA子さんに向かって伸びてくる。彼女は逃げることなく、腕に向かって飛びつくと、思い切り噛み付いた。「ギャッ!」という声が運転席から聞こえると、伸びていた腕はスルスルと車の中に戻り、車が発進――。

彼女はそこで、目が覚めた。その後いつものように、朝食を食べていると犬歯に激痛が走った。あまりの痛さに歯医者へ向かうと、犬歯は縦に真っ二つに割れていた。

「犬歯がこれだけ真っ二つに割れるということは、何か相当固いものを噛んだとしか考えられないんですが、心当たりはありませんか?」

医者は彼女に尋ねたが、どうせ信じてもらえないだろうとM崎のことは黙っていた。

――これでしばらく夢は見ないと思いますが、また現れたら噛んでやりますよ。

以来A子さんから、あの夢を見たという連絡は来ていない。

執着

「ずっと昔、若い頃に結婚していた頃の話なんですけどね」

S奈さんは十代の頃、当時付き合っていた年上の彼と猛烈な恋に落ち、若くして結婚した。

一回りほど年の違う彼との結婚を心配する声もあったが、彼女は迷わず彼と一緒に暮らすことにした。ところが彼は、実家で暮らしており家には、彼の父と母が同居していた。

「息子が結婚したいというのは大歓迎だけど、この家で同居するのはあまり勧めないよ」

家に来てまもなく、彼の父がS奈さんにそう言った。

当初は、見知らぬ人間との同居を嫌がってのことだと思ったが、一緒に暮らしてみてもそのような様子は、まったく感じられない。

何か困ったことがあれば気さくに相談に乗ってくれるし、自分のことを気遣ってくれる。むしろ彼よりも、大事にしてくれていると感じるくらいだ。

ある日、気になった彼女は、彼の母にそのことを話した。すると「できれば、二人して早く出て行った方がいいんだけどね」と似たようなことを言う。

「でも息子さんが一緒だと、いざという時安心じゃないですか?」

S奈さんが切り返してたずねると、義理の母親は黙ったまま何も答えようとしなかった。

なんとなく気まずいまま、同居を続けていたある日、S奈さんは奇妙なことに気がついた。

それは、姑に小さな怪我が絶えないということだった。料理中ちょっとした火傷《やけど》をしたり、玄関を上がる時に足をぶつけたり、タンスの上から物が落ちてきたり。怪我自体は大したことはないのだが、なぜかいつも生傷が絶えない。

毎日仕事で忙しい夫に話しても「昔からああなんだよ」と真剣に取り合ってくれない。

そのうちS奈さんも義理の母親同様、大したことでもないのに怪我を繰り返すようになった。使い慣れた包丁で指を切ったり、よろけて柱にぶつかったり、わずかな段差につまずいて転んだり――。しかもそれらは不思議と家の中に限ってのこと。

「早く出て行かなくちゃね」

料理をしている時、後ろで姑がぼそりと呟いた。

そして同居してから一年近くが経った。

季節は夏、この家に嫁いでから初めてのお盆を迎えた。

「悪いんだけど、ちょっと車の運転を頼めない？」

脱衣場で洗濯をしていたS奈さんに、彼の母が声をかけた。

「今日は十三日でしょう。息子やお父さんは色々忙しいみたいだから、二人でお墓に行って、ご先祖様のお迎えをしたいのよ」

「はい、わかりました」

S奈さんは二つ返事で彼の母とお墓へ向かうことにした。

近所のスーパーで花や供物を買い、自家用車に乗り込むと少し離れた山間の墓地へと走り出した。

初めて行く彼の家のお墓。彼の母に道順を教えてもらいながら、曲がりくねった山道をしばらく登っていくと、墓地の駐車場が見えてきた。

どうやらお墓はさらに階段を登った上の方にあるらしい。車を駐車場に停め、荷物をおろすと、二人並んで石段を登っていく。

「私、初めて来たんですけど、結構大変ですね」

「そうね。でもこれからは男の人たちが来れない時は、あなたに頼まなくちゃいけないから覚えておいてね」

息を切らせながら義理の母親が答える。

あたりにはうるさいほど蝉の声が響き、日差しがジリジリと二人を照りつける。毛穴から噴き出す汗が、車を降りた時には乾いていたTシャツを濡らしていく。

わずか数分のことだが、S奈さんには長い時間のように感じられた。

ようやくのことで石段を登り、墓地の入り口へとたどり着くと義理の母親の足がぴたりと止まった。

「どうかしましたか？」

S奈さんが尋ねると、義理の母親が持っていた掃除道具を差し出しながら、

「ここから先は、あなたひとりで行ってくれる？」

「え？」

「お墓はこの先の突き当たりを右に曲がったところにあるから」

突然のことでS奈さんが動揺しているのをよそに、彼の母親は持ってきた道具を彼女に手渡すと、入口脇のベンチに腰を下ろした。

「あの……」

「お願いね」

優しい笑顔に何も言えぬまま、彼女は荷物を抱え、ひとりぼっちで中へと歩いて行った。

言われた通り歩いて行くと、墓は簡単に見つかった。花や供物を一旦横に置き、桶に汲んできた水で墓の掃除を始めた。

墓はそれほど古いものではなく、石には女性の名前と戒名がひとつ彫られているだけだった。

「誰だろう？」

苗字こそ同じであれ、名前には心当たりがなかった。

先ほどまでうるさいほど聞こえていた蝉の声はピタリとやみ、彼女の周囲の空気が急に冷たく感じた。誰かがどこかで見ているかのような視線を感じ、彼女は急いで掃除を済ませた。片付けを終え墓地の入口へと向かうと、彼の母親がベンチで待っていた。

「ありがとう、ご苦労様」

二人で車に乗り込むと、家へと向かった。

車の中、彼の母親が突然話し始めた。

「ひとりで働かせてしまって、ごめんなさい。本当は私がやらなくちゃいけないんだけど、実は墓地に入れないのよ」

母親の話はこうだった。彼女は彼の本当の母親ではなく、彼の母親が死んだ後、後添えとして迎えられたのだという。当時はまだ彼も幼く、父親も男手ひとりでは育てられないという状況で、当然の選択ではあったのだが、先妻が亡くなる直前まで、再婚は望まなかったのだそうだ。

結婚当初は大きな出来事も無く過ごしていたが、初めて墓を訪れた時、墓の前に立つ女を見た。大きく腕を振り回しながら「来るな、来るな!」と大きな声でこちらを威嚇してくる。振り回す腕に隠れ顔こそわからなかったが、姑は先妻だと直感した。頭がキリキリと絞め付けられるように痛み、その場でうずくまってしまったという。

それ以来、墓地へ来ると入り口の前で先妻の幽霊が、中へ入らないように両手を広げて立っているのだという。

「それからかな。なんでもないのに、家の中で怪我を繰り返すようになったのは……」

唖然としたまま話を聞いていたS奈さんに、

「あのまま家にいたら、あなたも巻き込まれちゃうよ」

そう言って彼の母は笑った。車内には沈黙が流れ車はそのまま家へと向かった。

家に戻り、彼にいま聞いたことを尋ねたが「そんなのおふくろの思い込みだよ」と一笑され、それ以上聞くことはできなかった。

その後、彼との関係は急激に冷え込み、すれ違いが大きくなったため離婚したという。

荷物をまとめ家を出て行く時、

「ここを出ていけてよかったねって、彼の母親が言ってくれたんです」

とS奈さんは語ってくれた。

朱いマニキュア

I高さんは以前、信じられない光景を見たことがあったという。

それは仕事の途中、部下のN本さんとJR京葉線のS駅にいた時のことだった。

S駅はホームが地下にあり、一見すると地下鉄のような駅だった。

暗い照明と、コンクリートが剥き出しの壁。

都心でありながら、不思議なほど人気《ひとけ》のないホームは、ここがまるで隔離された異空間であるような感覚を覚えさせた。


ふたりは、ホームの端で列車を待っていた。

線路側正面の壁には、人の姿のような大きな黒い染みがある。

「女のようですね……」

隣でN本さんがささやいた。言われてみれば確かに、髪の長い女性がこちらを手招きしているように見えなくもない。

しばらくすると、トンネルの奥からこちらへ来る列車の音が聞こえた。

「……助けてください」

思わぬ声にI高さんが横を振り向くと、額に大汗をかき、怯えた表情のN本さんが体育座りのような姿勢で、膝を抱えうずくまっている。

「引っ張られてるんです……助けてください」

うずくまっているN本さんの身体が、小刻みに揺れていた。

〈ズズズズ……〉

膝を抱えたN本さんの体が、まるで滑るようにホームの縁へと向かっている。

トンネルから聞こえてくる列車の音が、次第に大きくなっていく。

I高さんは、N本さんの後ろへ回り込むと、彼の両肩を掴み、線路に落ちないよう必死に足を踏ん張った。


〈パァァァァァーン！　ガタン、ガタン、ガタン……〉


まばゆい光とともに、目の前を列車が通りすぎていく。

途端、N本さんを引っ張る力が弱まり、彼はごろんとI高さんの足元に転がった。

ホームに腰を下ろし、汗をぬぐっているN本さんに、I高さんは何があったのか聞いた。

N本さんは〝女の染み〟と答えた。

「あれとうっかり目を合わしちゃったんです」

とたんに女は無数の手となり、壁一面から彼に向かって飛んできた。

そして、何十本もの指が彼を掴むと、線路へ引きずり込もうとしたのだという。

「無数の朱いマニキュアの指が掴んできて、死ぬほど怖かったです」

I高さんたちは、列車に乗ることなく、そのまま駅を後にした。

真夜中の客

O島さんが、近所のコンビニで深夜のバイトを選んだ理由は、夜中は客が少なく暇そうだったことと、思った以上にこの店の時給が高かったからだという。

ある夜、いつも一緒のバイト仲間が風邪をひいたとのことで、彼はひとりで店番をしていた。

宵のうちこそカップルやバイク小僧たちで賑わう店内も、深夜二時を回る頃には客足もめっきり途絶えてしまう。

（さて、在庫チェックでもするか）

彼は店内に客がいないことを確認すると、ドリンクケース裏手にある倉庫へ入り、在庫表片手にチェックを始めた。

〈ピロリン、ピロリン……〉

ドアの開く気配とともに、来客を知らせるチャイムが鳴った。

彼は、在庫表をその場に置くと、倉庫を出てレジへと向かった。

レジカウンターに入って、あたりを見回すが、店内にも駐車場にも客の姿はない。
（どうやら聞き違いだったか）そう思いながら、O島さんは倉庫へと戻った。
チェックの続きをしようと見渡すと、今置いたはずの在庫表が見あたらない。
どこに置いたのかと、あたりを探していると、再び来客を知らせるチャイムが鳴った。
倉庫を出てレジへ向かうが、店内に客の姿はない。
おかしなこともあるものだと、再びレジを出ようとした時だった。
〈バサッ！〉
突然、足下で何かが音を立てた。
床には、在庫表がバラバラになって落ちていた。
〈プシュッ！　プシュ、プシュ、プシュ、プシュ…………〉
追い打ちをかけるように、ドリンクコーナーで音が鳴った。
（なんの音だ？）彼は、ドリンクコーナーを見た。
しかし、ケースのガラスが白く濁っているようで、ここからでは中が見えない。
彼は、レジカウンターを飛び出すと、ドリンクコーナーへと駆け寄った。
ケースのガラスが、白く見えたのは濁りのせいではなかった。
ガラスには、内側からびっしりと白い手の跡がつけられていた。

音は、すでに止まっていた。O島さんは、恐る恐るケースの扉を開けた。

ケースの最前列、扉側にあるドリンクすべてのフタが開けられていた。

床には、投げ散らかしたようにペットボトルのキャップが散乱し、プルの開いた缶は皆、口から泡を吹いていた。


「うふふ……」

どこかで、女が笑ったような気がした。


早朝、オーナーが品出しのためにやってきた。

O島さんは、ドリンクコーナーの後片付けに追われていた。

オーナーは、その様子を見るなり、O島さんへ足早に近づくと、

「大変だったね、他のバイトには内緒にね……」

と言って、ポケットから出したしわくちゃの五千円札を、彼の手に握らせた。

彼は、なぜ深夜の時給が高いのかを、それで察した。


その後すぐ、O島さんはバイトを辞めた。

しばらくして店は壊され、月極の駐車場になっているという。

妙な土地

「この仕事を長く続けてると、妙な土地は一歩、足を踏み入れた瞬間わかるな……」

渋谷の一杯飲み屋で、A田さんが私にこう呟いた。

一九六〇年、まだA田さんが建設業界に入って間もない頃のこと。

オリンピック建設に絡んで、千駄ヶ谷《せんだがや》の現場へ入ると、突然言いようのないゾクゾクとした悪寒に襲われた。

最初は風邪でもひいたのかと思い、作業を続けたA田さんだったが、昼食を取るために現場から出た途端、悪寒が治まった。

（おや？　治ったのかな？）

しかし、午後になって再び現場に入った途端、全身を悪寒が襲った。

ぶるぶる震えながら（珍しいこともあるもんだ）と思っていた時だった。

わぁっ！　と声が上がると、現場の奥で騒ぎが起きた。

行ってみると、掘り起こした穴の中の底に、重なり合うように幾つもの古い壷が見える。

その割れたいくつかの壷から、骨のようなものが出ていた。

「大概そんな現場は、ケガ人やら死人が出るから嫌なんだ」

その後日、A田さんは東京・広尾《ひろお》の現場へ行くことになった。

土地に一歩入ると、今までにないくらいの、激しい悪寒が走った。

「このままじゃ事故が起きるから、すぐにお祓いをしたほうがいい、って言ったんだ」

現場監督は、彼の能力のことを知っていたが、残念そうに首を振った。

聞けば、施主から〝風水〟に従って工事を行うよう条件が出ているため、勝手にお祓いなどは出来ないのだという。

施主からの条件と言われてしまうと、A田さんはそれ以上何も言えなかった。

彼は、この現場が無事故で終わるよう願った。


基礎工事も終わり、鉄骨作業も中程に差し掛かったある日のこと。

体に走る悪寒が、いつにも増してひどい。嫌な予感は的中した。

鳶《とび》職人が、鉄骨から足を滑らせ転落した。その際、基礎から垂直に立ち上がっている鉄筋が、職人の太股を串刺しにした。現場は大騒ぎとなった。

幸い、それほどの事故にもかかわらず、職人の命に別状はなかった。

病院で、元気に談笑にする職人の姿を見て、駆けつけた監督とA田さんたちもホッと胸をなで下ろした。

ところがその三日後、職人は呆気なく死んでしまった。

死因は、傷口からの感染症で、医者も予想だにしない急変だった。

そして、それをきっかけに、現場で事故が続出するようになった。大した事故でもないのに、必ず作業に支障が出るため、工事は遅れに遅れた。

「今思えば、施主の言うとおりに作業をした後は、必ず妙な事故ばかりが重なったな……」

結局、完成した立派な建物も、A田さんには酷く歪んで見えたという。

「妙な土地で仕事をする時は、いつもこんな感じでね。特に今の現場《ところ》なんかは、最低中の最低でね……今度ばかりは俺も気をつけなきゃな、ははは」

そう言うと、A田さんはコップ酒を一気に飲み干した。

それから二週間後、A田さんが現場で立ったまま急死したと聞かされた。

役に立たない力

映像製作会社に勤めるT岡さんには〝役に立たない力〟があると言う。

それは〝生き物の死ぬ瞬間がわかる力〟だという。

「わかるといっても、ほんの数秒前なんです……。突然、背骨に氷の棒が打ち込まれるようなゾクッと反り返るような感じで……」

公園のベンチでお弁当を広げていると、何気なく足下に近づいてくる鳩に目がとまる。

〈ゾクッ！〉

脳天から腰まで背骨に打ち込まれるような寒気が走る。

瞬間、飛び出してきた猫が、鳩の喉元に喰らいつくと、そのまま咥《くわ》えて走り去っていった。

仕事帰り、塀に見慣れた猫がいる。猫は彼女を見ると、塀の上を走り出した。

勢いよく猫が、塀から飛び降りるのを眼で追っていると、あの寒気。

T岡さんの耳に〈ペシャッ〉という音が響き、車が走り去っていく。目の前には、猫の死体が残された。

また、ある昼下がり。散歩中の大型犬とすれ違った。直後、悪寒が彼女を襲った。けたたましい車のブレーキ音が、あたりに響いた。


「ほとんど動物ばかりなんですけどね……」

と、言いながらも彼女は顔を曇らせた。


高校二年のある雨の日。

いつものようにクラブ活動を終え、家路についたのは夕方六時を過ぎた頃だった。

彼女は傘をさし、横断歩道で信号待ちをしていた。

足下の水たまりを、見つめながらぼんやりしていると、突然あの寒気が襲ってきた。

慌てて顔を上げ、あたりを窺うが周囲に犬や猫は見あたらない。

(勘違いか……)彼女は、ホッと胸をなで下ろした。

目の前で、信号が赤から青へと変わった。

〈たたたたた、ぱちゃっ、ぱちゃ、ぱちゃ……〉

不意に自分の後ろから、黄色い傘を持った子供が飛び出すと、変わったばかりの横断歩道へ躍り出た。

〈キキキキキキキキーッ〉

交差点に遅れて入ってきた大型トラックが、黄色い傘だけを宙に残し、目の前から子供を消し去った。

T岡さんは頭を抱え、その場にしゃがみ込んだ。

しばらくして、T岡さんが顔を上げると、横断歩道からまっすぐ伸びた赤い筋の先に、二車線の道路を塞ぐように、トラックが止まっていた。

トラックの向こうには、赤い長靴を履いた小さな足が見えた。

「直前すぎて、役に立たないんです……」

そう言うと彼女は、小さく溜息をついた。

ゲームセンターの怪

「うちのゲームセンター、幽霊がいるらしいんです」

トークライブの会場で、私はN村さんから挨拶された。

長年、怪談を集めている中で、こういう挨拶は久しぶりだった。


N村さんの経営するゲームセンターは、都内にある。

JRの駅からも近く、そう言われなければ、ごく普通の店だった。

建物は四階建てで、一階・二階を店舗、三階を事務所兼、景品置き場、四階を倉庫として使っている。

ことの始まりは六年前。かつて、大手ゲーム会社の直営店であったこの店を、N村さんが建物ごと買い取った。

リニューアル・オープンを間近に控えたある日。

事務所へ入ろうと警備ボックスを開けると、二階の異常を知らせるサインが点滅していた。N村さんは警備会社を呼ぶと、シャッターを開け中へ入った。

ひと通り一階を見回したあと、二階へ続く階段を見上げた。

階段を上り切った先に、ジーンズをはいた足が見えた。

色がなく、透き通った膝から下だけの足。

それがゆっくり、階段の上を歩いていた。

到着した警備員が、店内を隈なく調べたが、人はおろか入った形跡もなかった。

「結局、異常のサインも原因も不明と言われました。確かに足はあったのにね」


オープンした後も、怪異は続いた。

閉店後、N村さんが残って仕事をしていると、誰かが階段を上がる足音がする。

(こんな時間に誰だろう) と思っていると、足音はドアの前までやってくる。

ギィーッ
音がして事務所のドアが開くが、いつまで経っても入ってくる様子がない。

不思議に思ったN村さんは、様子を見にドアのところへと行く。しかしそこには誰もいない。

慌てて、あたりを見回るが、建物の中には自分しかいなかった。


N村さんが両替所のカウンターを覗くと、カウンターの中で、小さな帽子がちょこちょこと飛び跳ねている。どうやら小さな子供が入って遊んでいるらしい。

注意しようとカウンターへ近づくと、帽子はおろか子供の姿もなかった。

「まだその時は、疲れがたまっているのかなぁって思ってました」

※　※

リニューアル・オープンしてから、しばらくが過ぎた。

その日も営業が終わり、帰ろうとN村さんが休憩室の前を通ると、店員たちの話し声が聞こえた。

「それって、体育座りをしてるよね」

「そうそう、たまに女の人もいるのよね」

「俺は、階段の上を膝から下の足が歩いているのを見たぜ」

気になったN村さんが話に割り込むと、店員のひとりが階段の踊り場で、座り込む老人の幽霊を見たという。

話を聞いているうちに、従業員たちはいろいろな体験を話し始めた。

Kさんは、休憩を取るためにオフィスへ通じる扉を開けた。

すると、目の前の階段に老人が膝を抱えて座っている。

（どこから入り込んだのかしら）

そう思うKさんの前で、老人はふっと消えて無くなった。


O田さんは、二階のフロアを担当していた。

客が遊び終えた筐体《きょうたい》を見つけては、拭いたり灰皿を片付けたりしていた。

フロア中央に立って、席を立つ客を探していると、自動販売機のそばで人影が動いた。

（席が空いたのかな）

O田さんが、そちらのほうを見ると、客に見えたものは、茶色い人の形をした影だった。

影は壁と自動販売機の狭い隙間から現れると、やがて煙のように薄くなって消えた。


N村さんは、従業員たちにも自分と同じようなものが見えているとわかり、少しホッとした。

「ホントに、みんな怖かったねえ」

そうねぎらいの声をかけるN村さんに、

「でも店長、四階に比べれば、ここなんて大したことありませんよ」

と従業員は意地悪そうに笑った。

※　※

冬の寒い日、突然ボイラーの調子がおかしくなった。

このままではお湯が使えないため、営業に支障が出る。

N村さんは修理業者に電話をした。

早速、作業員がやってくると、N村さんは四階にあるボイラー室まで案内した。

事務所に戻って仕事をしていると。さっきの作業員がやってきた。

「ボイラーのある四階なんですが、誰か住んでます？」

「いえ、あの階は倉庫ですし、この建物には人は住んでませんよ」

「そうですよね……住んでませんよねぇ……」

そう言うと、作業員は首をひねりながら戻っていった。

しばらくすると、また作業員がやってきて、

「あの、従業員におじいさん、なんていませんよね？」

その時N村さんは，作業員が何を言っているのかピンときた。

「上、出ますか？」

「ええ……かなり……」

ボイラーの修理は、別の業者でおこなうことになった。

この後、四階に通じる階段には机でバリケードが作られた。

※　※

「N村さん、そこの四階で写真を撮らせてくれませんか？」

私は、当時担当していたタレント・北野誠さんの本〝怪異体験集〟の話を持ち掛けた。

取材も兼ねて、表紙で使う写真をそこで撮ろうと思ったのだ。

意外にもN村さんは快く承諾してくれ、撮影は数週間後の真夜中におこなうことになった。


当日の夜。

階段を塞いでいたバリケードが取り払われた。
何度か取材で訪れたことのある私も、さすがに怖い。
四階の電気は、分電盤が壊れているため点かず、夜は暗くて見通しがきかない。
私たちは懐中電灯を片手に、照明用の自家発電機を運び込んだ。
四階の奥にある古い和室では、カメラマンのE藤さんが撮影の準備をしている。
部屋に三基の照明を立てると、発電機にコードを繋いだ。
真っ暗だった部屋が、ぱっと明るくなり、陰影は絶妙な雰囲気を作り出している。
北野さんがやってくると、撮影が始まった。
「では撮っていきますので、こちらを向きながらポーズを決めてください」
そう言って、E藤さんがカメラをKさんに向け、構えた。
〈ボン！　ボン！　ボン！〉
照明の電球すべてが、音を立てて破裂した。
部屋は一瞬にして闇へと戻り、撮影は中断された。
私とN村さんは、事務所に戻ると顔を見合わせた。
一時間後、E藤さんがホームセンターで工事用の電球を買って帰ってきた。

早速、照明をつけると撮影を再開することになった。

「今度は大丈夫なんやろうか？」

北野さんが、不安そうに部屋の真ん中に立った。

「お待たせしました。では、撮っていきますので、こちらを向いてください」

「ちょっと待って。さっきのこともあるし、黙っているのも怖いから、何かしゃべりながら撮ってもらってもええかな？」

「それはいいですね！　で、何の話です？」

「そやな、昔、俺が大阪のＡＢＣ放送で体験した怖い話やねんけどな……」

〈ボン！　ボン！　ボン！〉

北野さんの話に合わせるように、再び電球が音を立てて破裂した。

部屋は再び闇に包まれた。

※　※

私はコンビニへ、お供え用のお菓子とミネラルウォーターを買いに走った。

結局、四階で撮ることができた写真は、わずか数枚しかなかった。

仕方なく、撮影は他のフロアを使って行われ、足りない分は別のロケ地で撮ることになった。

意気消沈しながら、休憩所で食事をしていると、

「ちょっと、もう一度、上見てくるわ」

先に食べ終わった北野さんが、四階へひとりで上がっていった。

しばらく待っても、北野さんは下りてこない。

私は懐中電灯を構えると、北野さんを呼びに上がった。

「北野さん、どちらにいらっしゃいますか?」

「西浦くん、こっちや」

さっきの和室の方から、北野さんの声がする。

懐中電灯であたりを照らしながら和室へ向かうと、中からすごい形相の北野さんが飛び出してきた。

「あかん！　やっぱ、この部屋なんかおるぞ！」

そう北野さんが叫んだ瞬間だった。

〈ボン！〉

私の持っていた懐中電灯が音を立てた。

私と北野さんは、逃げるようにして四階を後にした。

明るい場所で確認すると、懐中電灯のハロゲン球は、鋭利な刃物で斬られたかのように、まっすぐ横に割れていた。

この日、持ち込んだ六個の電球と、三本の懐中電灯が壊れた。

※　※

カメラマンのE藤さんは、自宅の部屋でテレビを見ていた。

突然〈ガタン〉という大きな音がした。

何事かと思って、E藤さんがテレビのボリュームを落としてみると〈カタカタ〉と音はまだどこかで続いている。

E藤さんは立ち上がると、音のする方へ歩いて行った。

居間を出て廊下を進むと、奥の部屋で音がする。そこは写真を現像する暗室だった。

（まさか、ネズミ？）

ネズミに大切なフィルムをかじられては大変だ。

E藤さんは、ノブを掴むと暗室へと飛び込んだ。

〈カタカタ〉

中では音が続いている。

見渡すと、ネガを保管している戸棚で音がする。

抽斗のひとつが〈カタカタ〉と音を立て揺れていた。

E藤さんが揺れている抽斗《ひきだし》を開けると、中にはあのゲームセンターで撮った写真のネガがあった。


翌日、彼は神社を訪れると、すべてのネガを処分してもらった。

おかげで暗室から音がすることはなくなったという、

この話をE藤さんから聞いた編集部は、写真を使うべきか迷った。

結局〝怪異体験集〟の表紙は、他の心霊スポットで撮ったものになった。

その後、N村さんのゲームセンターは閉店し、今は空き店舗になっている。

あずけ物

タクシーの運転手をしているHさんは、先日不思議な体験をした。

深夜、最後の客を降ろして車庫へ向かっている時だった。

ふとバックミラーを覗くと、後ろのシートにうつむいて座っている老婆がいる。

(わぁっ!)驚いて後ろを振り向いたが、シートには誰も座っていない。

気を取り直して前を向くが、バックミラーを覗くと老婆の姿が見える。

Hさんは慌てて車を停めると、恐る恐る後ろのシートを見た。

シートには老婆はおろか、誰も座っていない。

(おかしいな? 確かに見えたんだが……)

車を降り改めて後部シートを確かめてみると、床の上に茶色の手提げ鞄が落ちていた。

きっと、最後に乗せた女性客の忘れものに違いない。

こうした落とし物はいったん会社へ持ち帰り、一週間会社で保管する決まりになっている。

Hさんは、鞄を拾い上げて助手席の上に置くと、再び車を走らせた。

「すみません……」

　突然、助手席から声をかけられた。

　隣を見ると、絣《かすり》の着物を着た老婆が運転席の方を向いて正座をしている。

「降ろしてください……」

（わぁぁぁぁっ）

　急ブレーキを踏むと、Hさんは車から一目散に飛び出した。

　Hさんは近くの交番へ駆け込むと、手提げ鞄を引き取ってくれるよう頼んだ。

　警察官と一緒に鞄の中身を確かめると、中からは百万円が入った封筒と、紫色の袱紗《ふくさ》に包まれた真新しい白木の位牌が出てきた。

「取扱いが面倒で、忘れるふりをしてお金と一緒にあずけていったのかもしれませんね」

　位牌を見ながら警察官が言った。


　半年が経ちHさんのところに、鞄の持ち主が現れなかったので、手提げ鞄と中身一式を引き取りに来てくださいと遺失物センターから葉書が届いた。

　百万円は喉から手が出るほど欲しかったが、悩んだ挙句、Hさんは鞄を引き取らなかったそうだ。

おぼえてるもん！

Ｆさんには、まゆちゃんという娘がいる。

まゆちゃんが生まれる前に流産したこともあり、Ｆさんはこの娘を人一倍かわいがった。

まゆちゃんが四歳の時の話。

お正月にまゆちゃんを連れ、夫の実家へ新年の挨拶に行った。

台所で姑とおせち料理の準備をしていると、そこへまゆちゃんがやってきた。

火の周りに小さい子がいては危ないと、Ｆさんがまゆちゃんを抱きかかえようと手を伸ばした時、

「おばあちゃんのひとごろし！」

そう言ってまゆちゃんが姑の顔を指さした。

「おばあちゃんが、ママにむりさせたから、赤ちゃん死んじゃったんだからね！」

凄い剣幕でまゆちゃんが、姑に向かって叫んでいる。

確かに前の子の流産は、当時同居していた姑に家事を押しつけられ、無理を重ねたのが

原因だった。何度も苦しいと伝えたが、姑は聞く耳を持とうとはしてくれなかった。

そんなこともあり、今は夫の提案で姑とは別に暮らしている。

しかし、幼いまゆちゃんが、そんな話を知っているはずがない。

「Fさん！　あなた、まゆちゃんになんてこと言わせてるの！」

姑は上気した顔で、Fさんを睨みつけた。

「ママじゃないもん！　わたしおぼえてるもん。死ぬとき苦しかったんだよ」

まゆちゃんは、前に流産した子供の生まれ変わりらしく、流産する前のことを次々と話していく。

それは、姑とFさんしか知らない話ばかりで、姑がFさんにした仕打ちそのものだった。

「わたしが死んだら、パパと別れさせようって、おじいちゃんに言ったよね！」

その言葉に、Fさんは姑の方を見た。

姑はうろたえながら、言い訳を探しているのか、口をパクパクさせている。

「おばあちゃんなんか、あと三年で死んじゃうんだから！」

姑は、気の抜けたように床へ膝をつくと、呆然としている。

Fさんは、まゆちゃんを抱え上げるると、逃げるように夫の実家を後にした。

家に帰る車の中で、まゆちゃんがFさんに言った。

「おばあちゃんが死んだら、おとうとが来るんだよ」

三年後、まゆちゃんの言葉通り、姑がガンで亡くなった。

しかし、その後生まれてきたのは女の子だったという。

何か言ってる

新宿であった怪談のトークライブでの話。

壇上では主催者のKさんが、心霊写真を紹介していた。

Kさんの横には私と何人かのゲストが並んで座り、写真についてあれこれとコメントをしていた。

何枚目かの写真だった。

公園かどこかで、子供を抱いた母親を撮ったスナップ写真が映し出された。

普通ならほほえましいはずの写真だが、何かがおかしい。

子供を抱いた母親の口元が歪んでいる。

よく見ると、あごから下の部分に別の顔が重なって見える。

客席からは、一斉に驚きの声が上がった。

その声に、会場の様子を見ようと客席を見た時だった。

暗い客席の上に、大きな口が浮かんでいた。

それはうっすら口紅を引いた女の口。

唇が上下し、こちらに向かって何かを言っているが、声は聞こえない。

しばらく、私はその口から視線を外せぬまま、ただ呆然と眺めていた。

「おい、何をぼーっとしているんだ！」

Kさんの声に、私は我に戻った。

気がつくと、目の前の口は消えていた。


イベントが終わると、ゲストのひとりが私に声をかけてきた。

「心霊写真の時のあれ、凄かったですね」

「えっ、あなたも見たんですか？」

「大きな女の口でしたよね」

「それで、なんか言ってませんでしたか？」

「ええ、何回も〝ノロッテヤル〟って……」


聞かなければ良かったと、私は後悔した。

佐藤さんは通れない

神奈川県の西側に、とある住宅街がある。昭和の頃に造成された土地で、国道に通じる大きな道が住宅街の真ん中を突き抜けている。

そのため通り抜けに使われることが多く、住民の数に比べかなりの交通量がある。

そんな道路で、ある日を境に交通事故が頻発するようになった。

当然、交通量が多ければ予想されたことなのだが、なぜか事故を起こすのは、この住宅街を通り抜けしようとした車ばかりだった。

そしてある日、この住宅街の入り口に、

「注意！　この先事故多発地帯！　佐藤さんは通らないでください」

という奇妙な看板が掲げられた。

なぜそんなものがつけられたのか、住民が警察に聞いても明確な答えはなかった。

しかし立て看板が設置されて、事故は一時的に少なくなった。

ところが住民たちからは多くのクレームが寄せられ、結局「佐藤さんは通らないでください」の一文が削除された看板と差し替えられた。
以来、この道路では事故が今も続いているという。
佐藤さんと事故の因果関係については、未だわかっていない。

十四人目の名前

以前働いていた会社の同僚に、昔お笑いタレントをしていたKさんという男性がいた。

当時はかなり人気があったグループで、有名な番組のレギュラー出演や人気漫画のモデルにもなった。

そんなKさんが駆け出しの頃、秘湯を巡る旅番組のゲストのひとりとして呼ばれた。

番組の内容としては、有名芸能人が案内人となって秘湯を紹介。彼らはそれに同行し感想を述べるといった内容だった。

案内人はコメディアンのWさん、そしてお供のゲストはKさんのグループとBというグループの二組だった。

Wさんが案内する温泉は、東北にある山間の温泉旅館が選ばれた。

ロケ当日、街中でのロケが終わるとバスは山間の道を登っていく。

「これから行く温泉は山の上にあってね、昔は街道を支える宿場町だったんだよ」

Wさんが Kさんたちに向かって、これから行く温泉の事前情報を伝える。

「最盛期には五軒ほどの宿があったらしいんだけど、今は二軒だけしかなくて、客のほとんどが登山客なんだよ」

Kさんは、これから行くところがどんなところか期待に胸を躍らせた。


ロケバスは登山口の入り口で停まり、そこからは徒歩で宿を目指した。

登山道を歩き出して二時間ほど過ぎると、陽は大きく西に傾き、辺りは燃えるようなオレンジ色に染まった。その向こうに、並んだ小さい宿の灯りが見えた。

「おお、すごい……」

Kさんたちは、その美しいコントラストに思わず声を上げた。

そこにはWさんの話の通り木造の宿が二軒、建っていた。例えるならば昔の木造校舎のような二階建ての長い建物で、二軒ともすごい存在感を放っている。


ところが近づいてみると、ふたつある建物のひとつに灯りがついていないことに気づいた。代わりに入り口の周りには黄色い立ち入り禁止のテープがぐるぐる巻きに貼られており、ここ最近使われていない様子だった。

「はい、こちらが本日の秘湯ロケの宿になります」

Kさんたちはスタッフに促されると、灯りのついている建物へと入った。部屋へ入ると、荷物を置くのもそこそこに、露天風呂でのロケを始めた。なんとか暗くなる前に撮影を終えた一行は、食堂で食事をすると、一階端のスタッフ用の部屋へ集まって、持ってきた酒を飲みながら宴会を始めた。

ところが夜八時になると自家発電が止まり、部屋の電気が消え、灯りはランプのみとなる。

しばらくの間は、あれこれ話に花を咲かせていたが、やがて酒がつきる頃には、皆無口になっていた。そんな中スタッフのひとりが、

「せっかく暗いんだから、肝試しでもしませんか?」

そう提案した。寝るには早すぎるし、酒はもうない。

結局、タレントとスタッフを合わせ十三名が肝試しに参加することになった。

入り口に近いこの部屋を起点にして、二階一番奥のWさんの部屋へひとりずつ順に向かって、置いてある紙に自分の名前を書いてくるという単純なルールだった。

しかし、灯りは部屋と廊下に僅かに置かれたランプのみ。かなり怖かったらしく、廊下の向こうからは、悲鳴や怯える声が絶えず聞こえ、肝試しは予想以上に盛り上がった。

最初の人間がスタートしてから四十分ほどが過ぎた頃、最後に向かったスタッフが、奥の部屋から名前の書かれた紙を持って戻ってきた。

Kさんが紙を受け取ると、紙に書かれている名前を読み上げた。目立とうとして書いたのか、やたら大きな文字で書かれているものや、文字が震えてまともに読めないものなど、名前ひとつ一つを取り上げてツッコミを入れては、皆でワイワイと騒いだ。

そして十三人全員の名前を読み終えると、参加者たちから思わず歓声と拍手が上がった。

「これで無事全員、逃げ出さずに奥の部屋へ行ったことが証明されました〜」

Kさんがそう言いながら紙をひらひらさせていると、紙の裏側にもうひとつの名前が書かれていることに気づいた。

「大原伍助」

裏には達筆な文字でそう書かれていた。

しかし、参加したタレントやスタッフに、そんな名前はいない。

「あの、これ書いたの誰ですか？」

Kさんがそこにいる全員に紙の裏を見せながら尋ねた。十四人目の名前。

その瞬間、あれほど沸いていた場の空気が凍りついた。

「いたずらはわかったから、誰が書いたか教えてちょうだい」

Wさんも合わせて尋ねるが、皆口々に自分のいたずらではないと首を振り、女性スタッフは怖さで泣き出してしまった。どこかで誰かが、冗談だと名乗り出るのを待ってみたが、タイミングを過ぎても、誰も名乗り出る気配がない。

「後味が悪いけど、今夜はこれでお開きということで……」

Wさんのひと言で、その場は解散となった。

翌朝、ロケ隊は宿を発つと、そのまま東京へと戻った。


ロケが終わって、一年ほど過ぎたある日のこと。テレビ局の控え室に、ロケで一緒だったスタッフが訪ねてきた。手には新聞記事のコピーが握られている。

「Kさん、これなんですけど見てくれますか？」

彼が差し出したのは昭和五十八年の記事だった。そこには、

〝二十六日早朝、温泉宿Tの主人・大原伍助さんが頭を斧状の鈍器で殴られ、血の海に倒れているところを、同居する家族に発見された〟

と書いてある。

「これって……」

「そうです、あの宿の隣が立ち入り禁止になってましたよね。実は少し前に、あそこでこんな事件があったんです」

Kさんは、もう一度新聞記事のコピーに目を落とした。

〝大原伍助〟

そこには、肝試しの時に書かれていた、十四人目の名前があった。

地下室のショーパブ

以前会社の上司だったK本さんは、若い頃ショーパブのダンサーをしていたという。

当時働いていた店は、東京の繁華街から少し離れた場所にある雑居ビルの地下にあった。立地がそれほど良くないにもかかわらず、週末には店の前に行列ができるほどの人気店だったという。

K本さんはショーのダンスに加え、幕間のコントも担当していたこともあって、常連客を何人も持つ人気のダンサーだった。

ところがある日、ダンスの最中、バク転に失敗し右肩を脱臼してしまった。数日で復帰できると思っていたが、それまで無理していたことも重なって、医者からは一ヶ月ほどの療養が必要だと言われた。

踊ることができなくなったK本さんは、しばらくの間、ホールで接客を担当することになった。

接客を始めて一週間ほど経った、ある夜のこと。

開店準備のため、夕方早番で店に入ったK本さんは、先輩のE子さんから店に伝わる奇妙な話を聞かされた。

数年前、この店のオープン時のこと。以前より店のオーナーと親しかった客のひとりが、お祝いにと一体の人形をプレゼントしてくれた。それは高価そうなアンティークドールで、大きさは五、六十センチほどもあった。顔や手足が陶器で作られているもので、口元に笑みを浮かべてはいるが、どこか悲しげなピエロの人形だった。

早速人形は、店の奥に並んだボックス席の横に飾られた。

人形は来店する客の目に留まった。人形の置かれたボックス席は店内の目印になり、いつしか〝ピエロボックス〟と呼ばれる人気の席になった。

ところが一年ほど経ったある日のこと、ひどく悪酔いした客が暴れ、人形をつかんで振り回すと床に叩きつけた。

陶器の頭は割れ、修復できないほど壊れてしまった。アンティークドールなので、代わりの頭を探しても見つかるわけもなく、結局、人形は黒いゴミ袋の中に入れられ、掃除道具の入ったロッカーの上に置かれた。

しばらくして、店に来た女の子二人組をE子さんがボックス席へ案内をしようとしたところ、ひとりの女の子が「この席、お客さんがいるじゃない」と言った。

驚いてE子さんが振り向いて席を見るが、誰もいない。

「誰も座っていませんよ」と着席を促すが、「何言ってるの、座ってじっとこちらを睨んでるじゃない」と凄い剣幕で言う。

その様子に、一緒に来たもうひとりの女の子は、何を言い合いしているのか状況が読めないまま、あたふたとしている。

女の子のあまりの大声に、店内は騒然とした空気に包まれた。

結局しばらくの間、押し問答が続き、二人組の客は怒って帰ってしまったという。


それから何週間か過ぎた頃、E子さんは、ボックス席に座る常連客の相手をしていた。たわいのない話題で楽しく喋っていると、

「ねぇ、あそこのボックス席の女の子、さっきからひとりで座ってるけど、誰か相手してあげなくていいの？」

と不意に尋ねられた。当然、客をひとりぼっちにするなどということをしてはならない。

「どこですか？」

慌ててE子さんが聞き返すと、常連客は例のボックス席を指さした。しかし、今度もE子さんには何も見えなかった。

「他にも、あの席に女の子が座っているって言うお客さんが、何人もいるのよ」

そう言ってE子さんは、まだ準備で薄暗い店の奥のボックス席を見つめた。

＊　＊

接客にも慣れ始めた頃、K本さんが付いた席では、なぜか怖い話で盛り上がっていた。その話を利き手役として聞いていたK本さんに、客のひとりが「そうだ、K本さんも何か話してよ」と話を向けた。

突然のことで何を話してよいやら、しばらく思案したが、今いる席がかつて〝ピエロボックス〟と呼ばれていたことを思い出し、先日、E子さんから聞いた人形の話を始めた。

話は壊された人形の祟りとするため、席に座っていた女の子は血だらけだったとか、手足に怪我をしていたなど、大幅に盛ったものだった。そして最後には、

「その人形が飾られていたのが……そこなんですよ！」

と客の座っているソファーの後ろを大声で指さした。客はその仕草に驚いて、客でいっぱいの店に響きわたるほどの大声を出し飛び跳ねたという。

予想以上の反響に手応えを感じたK本さんは、それ以後、たびたび店で怪談をするようになった。

K本さんの語りはたちまち評判を呼び、客は「人形の話」を聞こうと彼を指名するようになった。店側はこれを利用しない手はないと考え「夏の夜の悪夢　K本のオカルトナイト」と題したイベントをお盆に合わせて開催することにした。


イベント当日、店内は予備で用意してあったパイプ椅子が足りなくなり、床に直座りする客が出るほどの満席状態となった。

ドライアイスの煙が焚かれ、黒いマント姿のダンスチームがいつもとは違う、おどろおどろしいダンスを披露すると、奥から現れたK本さんが舞台中央の椅子に腰掛け、怪談を語り始めた。

話に合わせて、風の音やドアの軋む音、女性の悲鳴などの効果音がかけられ、更には天井からマネキンの首が落ちてきたり、ホッケーマスクの男やゾンビ姿の店員が奇声を発しながら店内を駆け回った。

そしてイベントのラストにはあのピエロの話が語られた。

この日のため本物のピエロ人形が運ばれ、話の終わりには天井から釣り糸で吊り下げられ立ち上がると、会場ではものすごいどよめきが起きた。

失神する客が出るほどイベントは盛り上がり、K本さんの評判はますます上がった。

無事イベントが終わり、片付けを終えたその日の夜遅く、客のいなくなった店では、スタッフだけによる簡単な打ち上げが行われた。

その年最高の売り上げに、店もスタッフも大いに喜んだ。

「今夜のステージは、話していた僕ですらドキッとするくらい、演出がバッチリでした。リハーサルにはなかったロッカーがガタガタ揺れるとこなんか、知らなかったのでびっくりものでした」

締めの言葉でK本さんが、そう話すとスタッフは首を傾げた。

そんな演出はなかったし、誰もロッカーのそばには行っていないという。

「またまた、そんなことを言って〜」

取り繕うように茶化した声でK本さんが言ったが、さっきまで盛り上がっていた店内の空気は一転した。

「だったら、ずっとイベント中〝オゥオゥオゥオゥオゥ……〟って誰かが叫んでたのも演出じゃないってこと？」

怯えながらひとりのスタッフが言うと、店内にいる全員が顔を見合わせた。

早々に打ち上げはお開きとなり、スタッフ全員が逃げるようにして地下の店を後にした。


翌日の夜のこと。その日は通常通りの営業をしていた。

付いていた客が帰ったK本さんとE子さんは、テーブルの後片付けをしていた。

トレイにグラスを乗せていると、そのうちのひとつが突然、カラカラと回り出した。グラスが少し宙に浮いている。ふたりしてその様子を見つめていると、グラスはしばらくの間回転を続けた後、動きを止めた。

カタン——。小さく、トレイの上にグラスが落ちた音がした。

「な、なんなの？」

「グラスの下に何かあったのかも……」

慌ててグラスを持ち上げたが、トレイの上には何もない。

結局二人は、見なかったことにした。

＊　＊

「ねえ、あの新しい子、陰気すぎない？」

厨房で料理を担当しているH美さんが、料理を取りに行ったK本さんに話しかけてきた。

「新しいスタッフですか？」

そう聞かれても、K本さんには誰のことだかわからない。

「新しい子って誰ですか？」

と聞き返すと、

「私も名前は知らないんだけど、バックヤードで見かけたよ」

彼女が言うには、バックヤードの姿見で身だしなみを整えていると、背後で佇んでいる男性が鏡に映っている。

「横顔だけで全部見たわけじゃないんだけど、見たことない顔だったからさ、すぐに新しいスタッフだってわかったのよ。ただずっとうつむいてるし、元気がなくて陰気だなぁって……」

男は年の頃二十歳ぐらいで、色が白くて痩せたタイプ。接客業には向いていない覇気のないタイプだったという。

「ああいう子って、長続きしないのよね」

H美さんは言った。

「いやぁぁぁぁぁぁっ！」

突然、営業中の厨房で、H美さんの金切り声が響き渡った。

店内は騒然となり、K本さんが厨房に駆けつけると、カウンターの下でひどく狼狽しているH美さんの姿があった。

遅れてスタッフが集まってくる。店長がどうしたか事情を聞くと、少し暇になったH美さんが振り返ると、更衣室につながるドアが開いていてバックヤードの姿見が見えたという。

そこに夕方見かけた、あの知らないスタッフが、横を向いて映っていた。おそらく壁で陰になって見えない更衣室で立っているのであろう。

（K本くんは知らないって言ってたけど、やっぱりいるじゃない）

そう思って鏡を見ていると、男も彼女に気づいたのかゆっくり向きを変えると、こちらを向いた。

振り向いた男の顔半分は、剥き出しになった頭蓋骨だったという。

店内には言いようのない空気が流れた。

その日、店が終わった後、バックヤードの姿見は撤去された。

＊　＊

この事件をきっかけに、スタッフの間で奇妙なことが起こり始めた。

早番できたスタッフが、開店準備のためひとり、ホールの掃除をしていると、ふいに目の前の床をヒールを履いた足が通り過ぎていく。驚いて顔を上げるが店の中には誰もいない。

何かを見間違えたんだろうと、気を取り直して掃除を続けると、再び目の前をヒールの足が通り過ぎたという。

また別のスタッフが厨房で料理をしていると、ドタドタドタッと激しい足音が聞こえ、誰かが走り抜けていく。

(厨房の中を走っていくなんて危ないじゃないか)

そう思って音の方を見ると、部屋からスーツ姿の男が飛び出していくのが見える。

それと入れ替わるように仲間のスタッフが厨房に入ってきた。

「今出て行ったスーツの男は誰？」と尋ねたが「そんな男は見ていない」と言われた。

そして営業中、接客をしていたE子さんが、仲間のスタッフを呼ぼうと店内を見渡していると、ひとりピエロボックスに座る女性客に目が留まった。

すると入り口の方からどやどやと数人の客が入ってきた。客はスタッフに案内されるままピエロボックスへ腰を下ろしていく。

（そうか、団体客は、あの女性と待ち合わせしてたのか……）

そう思って何気なく見ていると、いつの間にかあの女性客の姿は、ボックスから消えていたという。


K本さんが聞いたところでは、店内で起きる怪異はまちまちで、男性だったり女性だったり、場合によってはケモノのような気配を感じるスタッフもいた。

それまでステージの照明や天井のライトなどで明るかった店内は、薄暗く感じられるようになり、スタッフ同士の楽しげな会話も聞かれなくなっていった。

しばらくして肩の傷も癒えたK本さんは、久しぶりにステージへ上がることになった。

この一ヶ月ほどのブランクで、体の動きはキレがなくなったが、ショーの段取りは体が覚えている。

ステージでひとり、一幕目を踊り終えると、早着替えのためK本さんは後ろの更衣室へと飛び込んだ。着ていた上着を脱ぎ、用意されていた衣装に手をかけようとした時だった。

誰かの手が腰のベルトを掴むと、そのままグイッと後ろへ引っ張った。

慌てて踏ん張り、後ろを振り返ったが、薄暗くなっている更衣室には誰もいない。

当然、狭い更衣室には人が隠れるような場所はなかった。

腰には妙に生々しく、ベルトを掴まれた時の感触が残っていた。

＊　＊

「うわっ！」

営業時間にトイレで、突然男の悲鳴がするとズボンを下ろしたままの男性客が飛び出してきた。

「お、おばけ！　おばけがでた！」

客席の間で右往左往する男性客を、駆け寄った店長がなだめると、バックヤードへ連れて行き「トイレで何を見たんですか」と尋ねた。

おろおろしながら男性はトイレであった経緯を話した。

個室の便座に座った男性はついでに一服しようと、背広の胸ポケットから煙草を取り出すと吸い始めたという。

「ゴホゴホゴホ……」

不意に頭上から咳払いが聞こえた。

なんだろうと思って見上げると、個室の天井いっぱいに、男の大きな顔があった。

翌日、トイレのドアには〝トイレでの喫煙はご遠慮ください〟と貼り紙がされた。

＊　＊

I子さんは、店の花形ダンサーだった。

その日彼女は、早い時間に出勤すると女子衣装室に入った。

更衣室は、幅が二メートル弱に対して、奥行きが五メートルもある細長い部屋で、トイレットペーパーのような消耗品や雑貨などを仕舞っておく簡単な倉庫も兼ねていた。

I子さんはダンス用のレオタードに着替えると、部屋の真ん中でストレッチを始めた。

ストレッチを始めた途端、天井の蛍光灯がチカチカと瞬き始めた。

（蛍光灯が古くなったのかしら……）

I子さんは、部屋の奥に置いてある換えの蛍光灯を取ろうと立ち上がった。

部屋の奥には、ショーで使う衣装がハンガーラックに並んでいる。

その衣装の下、床から三、四十センチの所に、両手を床についた女性の姿が見えた。

壁から上半身だけ突き出し、部屋の中へ這い出そうともがいている。

驚いたI子さんは、急いで部屋から逃げようとドアへ駆け寄った。

しかし、ドアのノブは空回りするばかりで、一向に開かない。

部屋の奥では、女が壁の中から、今まさに這い出ようとしている。

I子さんは、悲鳴を上げるとドアを激しく叩いた。

その音に駆けつけたスタッフが外からドアを開けると、彼女は転がるように外へ飛び出した。

I子さんの話を聞いて、すぐさまスタッフが更衣室の中を覗いたが、壁から這い出して来たという女の姿はなかった。

ただ、天井の蛍光灯がチカチカと瞬いていた。

そして、その後すぐにI子さんは店を辞めてしまったという。

＊　＊

しばらくして、クリスマスのショーチェンジによるダンスの練習のため、K本さんは店へいつもより三時間以上早く向かった。

地下の店に続く階段を下りていくと、店のドアの前で店長がガタガタと震えながら、真っ青な表情で立っている。

「どうかしましたか？」

K本さんが声をかけると、

「ト、トイレにあるんだよ。ピエロの人形が……お前がやったんだよな？」

と言う。

「え？　人形は袋に入れて、仕舞ってあるはずじゃ？」

「だから、それをお前が出したんだよな？」

店長はまるでK本さんが、何かをしたかのように、震えながら激しく攻め立てる。

そこへちょうど出勤してきたE子さんに事情を話すと、K本さんとE子さんは、店長をそこに残したまま、恐る恐る店の中へと入っていった。

店の中は真っ暗で、トイレとバックヤードの明かりだけが煌々《こうこう》とついている。

K本さんがトイレに近づくと、個室のドアの前に床に破れてしわくちゃになった黒いポリ袋が落ちている。そっと個室の中を覗くと、洋式便器の中には手足が千切れ、かろうじて胴体につながっている頭が、こちらを向いて浮かんでいる。

それは紛れもなく、掃除用具の部屋に仕舞ってあったボックス席のピエロ人形だった。

(なんで人形がこんなところに……)

K本さんは「お盆に怪談ナイトを行ったのをきっかけに、何かが集まるようになってしまった」と思った。


その翌日、K本さんはこの店を去ることを決めた。あれから店長の態度が冷たくなったことや、店の雰囲気が悪くなったことも理由のひとつだった。

周りに理由を聞かれた場合は「別にやりたい仕事が見つかったから」と答えてはいたが、実際はピエロの人形が怖くなり、ここから離れたいというのが本当の理由だった。

K本さんが店を去る頃には、なぜか客足もパッタリ途絶え、金曜日には開店前の行列もなくなっていた。

店の売り上げは急速に落ち込み、ショースタッフは次々と退所していった。結局、店はK本さんがやめてからわずか数ヶ月で潰れてしまった。

オカルト番組の生放送中、急に照明が落ちたり、セットが倒れたりカメラに異変が起きたりというのは、そこにいる人間が一斉に霊的なものに集中したせいで、あの世への扉が開いてしまったのではないか？

K本さんは、あの世に近いと言われる地下の閉鎖された空間で、「自分が怪談を話したりしなければ――」と思ったそうだ。

＊　＊

K本さんが店を辞めてから数年が経った。しばらくの間、あまり良い思い出のないこの街を避けていたが、久しぶりにやってくると、懐かしさが首をもたげた。

見渡すと、高層マンションやショッピングセンターができ、あたりはすっかり様変わりしている。

（そういえば、店があった場所は今どうなってるんだろうか？）

Ｋ本さんは足を延ばして見ることにした。

店は雑居ビルの地下一階にあり、隣のビルとの間に店へ降りる階段があったはず。

Ｋ本さんは様変わりしてしまった街を、記憶を頼りに探してみた。ところが、目印にしていた看板や自動販売機がなくなり、なかなか階段の場所へたどり着けない。

もしかしたらビルも残っていないんじゃないかと一時は不安になったが、しばらくすると目の前に見覚えのあるビルが現れた。

（これだよ、このビルだよ！　店への階段は隣のビルとの間にあったはずだ）

Ｋ本さんはビルとビルとの間へ向かった。

ところがそこは駐輪場になっていて、地下へ下りる階段は見当たらない。

（ここじゃなかったか？）

頭をひねりながら駐輪場のアスファルトをよく見ると、道路と駐輪場の境に階段のステップタイルが見える。それは店のオープンに合わせて張替えられた、特注のステップタイルに違いなかった。

Ｋ本さんが後で昔の同僚に聞いた話では、店が潰れた後、すぐにテナントが入った。しかし長続きせず、ほどなくして別のテナントが入った。だがそれも長続きせず、何軒かのテナントが出入りを繰り返した。
そして数年前、最後のテナントが出て行った後に、階段は土で埋められた上に舗装され、今の駐輪場になったという。

何を地下室ごと埋めてしまったのだろうか。
K本さんはその店の跡へは近づいていない。

ひとりは怖い

「地下のショーパブ」に出てきたK本さんはその後、私と同じ会社で働いていた。ところがあの事件以降、非常に信心深い人になってしまった。ゲームの開発で何かがあると、何度もお祓いをしたり、占いを気にするようにもなった。

そんな彼には、仕事が終わると必ず夜の街に飲みに行く習慣があった。日によっては飲み過ぎて、会社で寝泊まりすることも少なくなかった。

決まってそんな時は、夜中残業している私たちが、話し相手に選ばれた。

しかし、K本さんの新居には、結婚したばかりの可愛い奥さんがいる。

「K本さん、こんなことしてて奥さんに怒られないんですか?」

ある夜、私が尋ねるとK本さんは、

「かみさんが帰ってくるまでの間、ひとりでいるのが怖いんだよ」

と答えた。


詳しく話を聞くと、結婚して間もない日曜日のこと。

K本さんは新居のリビングでテレビを見ていた。キッチンでは妻が夕飯の準備をしている。いつもは働いていて夜遅く帰ってくる妻の料理姿が新婚のK本さんには、初々しく見えた。

（なんか幸せだなぁ）

そんなことを思いながら、妻の後ろ姿を見つめていると、突然飼っていたポメラニアンが立ち上がってものすごい勢いで玄関へ走り出し、激しくドアに向かって吠えたてた。

愛犬のあまりの様子に、K本さんが玄関の方を見るがそこには誰もいない。

しかしポメラニアンはドアに向かって吠え続ける。

「……どうしたの？　何に吠えてるの？」

キッチンにいた妻が料理をやめ、玄関の方へと歩いていく。すると玄関に通じる廊下の前で何かを見つけたように立ち止まり、そのまましばらく動かない。

「何かあったの？」

K本さんが妻に声をかけると妻は振り返り「誰もいないよ」と笑顔で答えた。

しかし、妻の目は笑っていなかったという。それ以来ポメラニアンが鳴くと、K本さんは怖くて生きた心地がしない。

そのため、妻が家に帰る十時過ぎまでは外で時間を潰すことにしているのだそうだ。

後日、私が奥さんにその話をすると、

「たまに山高帽をかぶった中年男性が、玄関に立つのよね。特に害はないし、引っ越した
ばかりなのでしばらくは我慢しないとね」

と、こともなげに言った。

「あ、でもこれ、うちの人には内緒にしてね」

結局、家を恐れたK本さんがいつまでも帰らなかったため、二人はまもなく離婚した。

提灯行列

取引先に勤めていたN村さんが、昭和四十年代のあたま、新婚旅行で不思議な体験をした。
当時はマイカーブームだったこともあって、車に乗ってぶらぶら旅をするのが、若者の間で流行っていた。とくに自然が多く広々とした北海道は、憧れの場所だった。

忙しくて結婚してから、新婚旅行をしてこなかったN村さんはお盆休みに新婚旅行がてら、奥さんと北海道へ行くことにした。

当然当時は青函トンネルもなく、飛行機も庶民の手が出るものではなかった。レンタカーも、今ほどどこでも借りられるものでなかったので、N村さんは東京でレンタカーを借りると、フェリーで北海道・苫小牧を目指した。

フェリーで丸一日かけ苫小牧に到着したふたりは、そのまま車であちこちと周辺観光をしてまわった。

ひとしきり観光を終え、予約していた市内の旅館に着いたのは、かなり夜遅くなってのことだった。

旅館は苫小牧駅からほど近い木造の古びた大きな建物だった。話では芸能人が苫小牧周辺で公演をした際は、必ず泊まる宿なのだそうだ。

車を駐め、大きなガラスの引き戸を開けると、立派な玄関と下足番の男がいた。間髪入れずに、女将がでてきて「ご予約のN村さんですか?」

はいとN村さんが答えると「とっくに食事は終わってますんで、それはご了承下さい」と言われ、部屋に案内された。


荷物を置くと、ふたりは早速お風呂へ入ろうということになった。部屋を出ると、離れにある大浴場へ向かった。

本館と大浴場とは、左右にガラス窓がならんだ廊下で結ばれている。木製の渡り廊下の天井に並んだ、傘付きの裸電球の灯りが、歩くたび波打ったガラスにヌメヌメと反射する。

「あら、綺麗」

N村さんの妻が立ち止まり、廊下左手の外を見つめている。

「なになに?」

つられてN村さんも窓の外を見ると、そこには提灯を携え、色とりどりの着物をまとった沢山の人が、楽しそうに行き来している。

(提灯行列かぁ……今夜は近くでお祭りでもやってるのかな?)

あまりの賑やかさにこちらまで楽しい気分になってくる。

「風呂をあがったら、ちょっと見に行こうか?」

ふたりは急いでお風呂を済ませると、その足で玄関まで向かった。

ところが玄関へ行くと、旅館の下足番が「今夜はもう玄関を閉めますので、お部屋に戻ってお休みください」と言う。

「旅館のそばを、ちょっと見てくるだけだから」と頼んでも、「とにかく部屋に戻ってお休みください」の繰り返しばかりで、追い返されてしまった。

仕方なくN村さんたちは、渋々部屋へと引き上げた。


翌朝、目が覚めると、出立する前に朝風呂に入ろうということになった。

ふたりで渡り廊下を歩いていると、妙な感じがしたのであたりを見渡した。廊下に変わりはなかったが、昨夜は暗くて気づかなかったが窓の外の様子が違う。

沢山の人が歩いていたはずの左手の窓の外には、数センチ先にコンクリート製の高い塀が迫っていて、提灯行列の人たちが歩ける幅はない。

「廊下を間違えたかな？」

あわてて引き戻り、もう一度大浴場へのルートをたどったが、大浴場へ続く渡り廊下はここしかなかった。

狐につままれた気分のふたりは旅館を後にすると、すぐに塀の向こう側に何があるのか確かめに行った。

車でぐるりと塀を迂回すると、旅館と反対の場所に、格子になった金属製の門が見えた。

車を降り格子の隙間から中を覗くと、そこは製紙工場の敷地だった。

敷地内には建物が並び、正面には大きな何かの慰霊碑が、供えられた沢山の花に囲まれ建っていた。

色とりどりの花が、昨夜見た着物姿の人たちに重なって、とても綺麗だったという。

＊　＊

この話を、拙著『現代百物語　幽刻記』に書いたしばらく後のこと、ネット放送を通じてこの場所を知っているという女性を紹介された。

聞くと、この旅館の経営者（女将）が伯母で、子供の頃によく行っていた、大浴場に続く渡り廊下や玄関にいた下足番のことなどよく覚えている、という。

驚いて詳しく教えてもらうと、旅館名は「富士館旅館」といい、苫小牧の駅前からほど近い場所にあったのだと言う。

美空ひばりやドリフターズなどが定宿にしていて、あの宮沢賢治も教諭時代、修学旅行の引率の際に泊まったという。その際、夜でも真っ赤に燃える製紙工場の明かりとその煙に感銘を受け「牛」や「海鳴り」という詩に詠んだそうだ。

しかし、昭和五十二年に駅前の再開発によって旅館は取り壊され、隣の製紙工場の敷地とともに駅前デパートの駐車場となったそうだ。

昔は苫小牧でも一番大きな旅館で、地元の人たちにも大変人気だったそうだ。

聞かせてもらった話を元に調べてみると、隣の製紙工場の敷地にあった慰霊碑は、当時、事故の多かった製紙工場での犠牲者や太平洋戦争で空襲を受けた際に亡くなった方たちを供養するために建てられたものだということがわかった。

お盆には毎年、製紙工場がスポンサーとなり大々的に提灯行列を行い、街の恒例行事となっていたが、N村さんたちが苫小牧に来る前の昭和三十九年を最後に行われなくなった。

今から数年前、仕事で苫小牧を訪れた時、私は富士館旅館の跡地を探し駅前を歩き回った。

デパートはテナントが撤退しすっかり寂れ、かつての賑わいはまったく感じられない。かつて主力産業だった製紙工場は売却され、跡地には大きなマンションやビルが立ち並んでいた。

富士館旅館のあった場所は立体駐車場に変わっており、その歩道の上には「富士館旅館跡」の敷石だけが残されていた。

眼

自衛隊にいたK間さんの話。

数年前、夜間の樹海演習があった。

その時、K間さんと、同僚のキザキは斥候を任された。

斥候とは少人数で部隊本体より先行し、周りの状況などを確認・報告する任務。

この日の訓練では、別の部隊が仮想敵として同じく樹海で演習を行っており、互いに相手の動きを先に掴むことが重要になってくる。

ふたりは、それぞれ暗視スコープを装備すると、樹海の中を進んだ。

当初の目的地へたどり着くと、ふたりは身を隠しながら辺りの様子を窺った。

K間さんは目視で、キザキは赤外線スコープで木々の間を探索する。

「……うわっ」

隣でキザキが小さく声を上げると、スコープを眼から外した。

「どうした、故障か？」

Ｋ間さんの問いかけにキザキは答えようともせず、しきりに首を巡らせながら辺りの様子を気にしている。

「すまん、なんでもない……」

キザキはそう言うと、思い直したようにスコープを掛けた。


しばらくの沈黙が続いた。

「……うわぁあっわっ！」

突然、キザキが大声を上げると、後方へ仰け反った。

スコープを外すと、辺りを見回しながらしきりに怯えている。

「目標か？」

「……め、眼、眼、眼！」

Ｋ間さんは、キザキからスコープを取り上げ周りを見回すが、眼などどこにも見えない。

「いくつもの眼が……眼が俺たちを見てるっ！」

キザキはそう叫んだかと思うと、その場から逃げるように樹海の中へと走っていった。

翌朝、キザキは風穴の中でひとり震えているところを保護された。

基地へ連れ帰ったキザキの様子は異常だった。何があったのかと尋ねても、ただ怯えるばかりで、会話にならない。

そのうえ、始終頭から毛布を被っては、怯えたように辺りを見回してばかりいる。

これではどうしようもないと、街の病院へ移送しようと相談している時だった。

突然、キザキの姿が見えなくなった。

すぐに招集が掛けられ、皆で基地内を捜したが、キザキは見つからなかった。


姿を消して三日目の朝。

ロッカーの中で、立ったまま死んでいるキザキをK間さんが発見した。

死因は心臓発作。

いくつもの眼から逃げるために隠れたのだろうか。ロッカーの中で、キザキは目を見開いたまま死んでいた。

キザキは最期に何を見たのか？

K間さんはキザキの死に顔が忘れられない。

赤い水

葬式や忌み事から戻った時、家に入る前に塩で体を浄《きよ》める習慣は、日本の多くの地域で行われている。

しかし、K田さんの実家では忌み事から戻ると、両手いっぱいに塩を持ち、流水で塩がなくなるまで両手を洗う。これは、K田家の女性だけの〝キマリゴト〟で、女性である彼女も小さい頃から、母親にそう言い聞かされてきた。

高校時代、学校からの帰り道のこと。

いつものように、家に向かって自転車を走らせていると、交差点の向こうに大勢の人だかりが見える。周りの建物が回転灯の灯りに照らされ、赤い明滅を繰り返している。

（こんな所で何が起きたんだろう？）

近づいてみると、交通事故のようだ。

血で染められたタイヤの跡が、蛇行しながら交差点を斜めに横断している。

路上には潰れたランドセルが転がり、側には長い髪が付いた肉片が散らばっている。

撥ねられた相手の状態は、それだけで安易に想像できる。

(うわっ、いやなものを見た……)

自転車に乗り直すと、家へと急いだ。


家に帰るなり、彼女は今見た事故の話を母親にした。

話しているうちに、母親の顔がみるみる曇っていく。

「そりゃいけない。すぐに、手を洗わなきゃね……」

険しい顔の母親に連れられると、着替えもそのままに台所へいく。

母親が、流しの下から年代物の瓶を取り出す。中には茶色味がかった、いっぱいの塩。

それを手で掴むと、彼女の両掌《てのひら》の上に山のよう盛った。

「さぁ、手を洗いなさい」

言われるまま、蛇口からチョロチョロと出される流水に、両手を差し入れる。

水に触れた途端、塩は一瞬で赤黒く染まり、両手はあっという間に血まみれのように赤くなった。

(うそっ！　なんで赤くなるの？)

指の隙間からは赤い水が、血の滴のように、ぽたぽたとこぼれ落ちる。

（早く溶けろ、早く溶けろ……）

必死になって、手の中の塩を擦り合わせた。

しばらくすると、あれほど赤かった水は次第に薄くなり、元の透明になる頃には手の中の塩もすべて流れて消えた。

両手を開き、掌をまじまじと眺めていると、

「危うく取り殺されるところだったねぇ。これからは、十分気をつけなさい」

母親はため息混じりにそう言うと、部屋へ戻っていった。

「うちでは代々、女性が早死にするんですが、なんとなく理由がわかった気がします」

今も彼女は、何かあると塩で手を洗っている。

白いカラス

K日さんが小学校三年生の頃、家の近くの神社にはカラスがいた。

それは、白いカラス。

嘴《くちばし》から足まで透き通るように白く、普通のカラスより二回りほど大きかった。

カラスは、石で出来た大鳥居の上にとまっては、いつも町を見下ろしていた。


ある日、このカラスを見せようと何人かの友達を連れ、神社へ来たことがあった。しかし、自分には見えている鳥居の上のカラスを、友達は見つけることが出来ない。

（そうか、これはきっと僕だけに見える神様の鳥なんだ……）

彼は、その時思ったという。


夏休みに入ってすぐ。

K日さんは、以前から父親にねだっていた釣り竿を手に入れた。

すぐにでも、試し釣りがしたい。

昼飯もそこそこに済ますと、自転車で近くの堤防に向かった。

堤防へ続く海岸沿いを走っていると、突然頭の上を何かがかすめた。

慌てて自転車を止めると、頭の上を見上げた。

あの白いカラスが、ゆっくりと円を描きながら飛んでいる。

神社以外で、しかも飛んでいるカラスを見たのは初めてのことだ。

やがてカラスは、急降下すると彼の目の前をかすめ飛ぶ。

なんとか、この場から逃げようとペダルに足をかけるが、繰り返される急降下に、動くことが出来ない。


その時、地面が突然跳ね上がったかと思うと、大きく揺れだした。

周りの木々はザワザワと音を立て、空中の電線がブンブンと音を立てながら波打った。

K日さんは、自転車に跨《またが》ったまま、その場に倒れ込んだ。

一分ほどで揺れは収まったが、いつまでも凪なりのような低音が辺りに響いていた。

ふと、頭の上を見ると白いカラスはいなくなっていた。

堤防に着いてみると、周りは大変なことになっていた。防波堤には大きな亀裂が走り、いつも釣り場にしていた消波ブロックは崩れていた。

あの時カラスに足止めしてもらっていなければ、どうなっていたかと思うとK日さんはゾッとなった。

翌日、カラスにお礼をするため神社を訪れると、足の根本から折れた大鳥居は、地面の上でバラバラになっていた。

その後、鳥居は修復されたが、その上に白いカラスを見ることは二度となかった。

骨探し

S田さんは以前、大手仏具メーカーの営業をしていた。

そこで、仏壇・仏具の販売のほかに〝お墓の斡旋〟も行っていた。

地方の農村をまわっては「古い土葬のお墓をひとつにまとめて供養しませんか？」と勧める営業で、かなり歩合が良い。

その代わり、骨を掘り出す〝骨探し〟も営業の仕事に含まれていた。

「ここの木が生えとらんトコ全部やが。もう、草ばっかりで……わかるかいねぇ？」

「はい！　任せてください！」

不安げな依頼人を前に、S田さんが深々と一礼する。

数十年前、場所によっては、百年以上も前に埋めた骨を掘り起こすのは、想像以上に大変な作業だ。

申し訳程度の墓石や、土を盛った土饅頭《つちまんじゅう》があればまだ良い方で、地形が変わってしまったり、遺族の記憶が曖昧だったりと、多くは埋めた場所がわかっていない。

この日やってきた山梨の墓地もそうした場所で、繰り返し起こった川の氾濫《はんらん》で墓石は流され、依頼人でさえおおまかな場所しかわからない有様だった。

「木が生えていない場所ったって、家の二、三軒は建つくらいあるじゃん……」

目の前には、膝丈ほどの雑草が生い茂げった広い空き地があるだけで、どこに骨が埋まっているのか、まったく見当もつかない。

「それじゃ、よろしくお願いします、アカギさん」

S田さんにそう呼ばれて、営業車から出てきたのは先輩のアカギ。五十歳を少し過ぎたくらいのアカギは、以前〝骨探しのプロ〟とも呼ばれていた。

今でもこうした物件があると、アカギはいつも手伝いに来てくれた。

「S田くん、そこの入り口の所が終わったら、次はこの木の手前ね」

「わかりました！　……失礼します」

簡単に手を合わせると、S田さんはアカギの指さす場所をシャベルで掘った。すると一メートルも掘らないうちに、土の中から髑髏が現れた。

「埋葬した人の気持ちを考えれば、造作もないこと」とアカギは言うが、S田さんにとって、アカギの骨探しは、いつも神業にしか見えなかった。

「お〜い、S田くん！　酒を持ってきてくれ〜！」

墓穴を埋め戻していると、奥の方からアカギの声がする。急いで営業車に駆け戻り、積んできた清酒の瓶を抱えるとアカギの元に向かった。

「……これですか?」

「おう!　悪いけど、その酒をこの辺に撒いてくれるか?」

S田さんは瓶の蓋を抜くと、アカギの示した辺りに撒いた。

瓶の半分ほども撒くと、土の上には日本酒の小さな水たまりがいくつも出来た。

「仏さんも、酒は好きだからね……」

そう言って、アカギは首を巡らせながら周辺の様子を窺っている。やがて、少し離れた水たまりのひとつがスーッと土の中へ吸い込まれた。

「あっ、そこだ……」

駆け寄ってアカギがその場所を掘ると、ほどなくしてその下から骨が現れた。

「ね、やっぱり酒が好きだろ……」

汗と泥の付いた顔で、アカギは笑った。


S田さんと先輩のアカギが、作業を始めてから数時間が過ぎた。

もう十体以上のお骨を見つけただろうか。やれやれと腰を下ろしたS田さんは、妙なことに気づいた。かなり前に撒いた日本酒の水たまりが、土に吸い込まれることなく残っている。

「アカギさーん、そこまだ水たまりになってますよ〜！」

「ん？　あぁ、はいはいはい」

S田さんの声に気づいたアカギは、作業を止め水たまりの横にしゃがみ込んだ。

軍手を外すと素手で水たまりになった酒を二、三度散らしてから、手を合わせた。

「……S田くん、ここも掘って。多分こどもが出てくるから」

「？　……はぁ」

意味がわからないまま、S田さんは言われたとおり土を掘り返した。すると、そこから腐敗し茶色くなった布の塊《かたまり》が現れた。

布を丁寧に取っていくと、中には小さな赤ん坊の骨があった。

「うわ……赤ちゃんって、こんなにちっちゃいんですね」

「本当にちっちゃいよなぁ？」

初めて子供の骨を目にして驚くS田さんに、アカギが微笑みかけた。

「大人だと酒が入っていくんだけど、こどもは酒をはじくんだよなぁ」

その日、掘り出した骨は十三体。

それらは後日、新しく建てられたお墓で手厚く供養された。

ミサコ

十年ほど前、M園さんは当時話題だったスマートフォンを手に入れた。

「ところが使ってみると結構面倒でね。で、友達に話したら、別の機種の方がダンゼンいいって薦められたんですよ」

とはいえ年間契約で買ったばかりなので、すぐに機種変更はできない。すると友達は、中古ショップで買えば安くて簡単だと教えてくれた。

翌日、教えられた店に行くと、ちょうど薦められた機種が手ごろな値段で売っている。目の覚めるような〝白〟で、今の黒く味気ないスマホより圧倒的に格好いい。

店員に聞くと、同じ会社だから中のSIMカードを入れ替えれば普通に使えると言われ、M園さんは即決でそれを買うことにした。

早速カードを差し替えて使い始めたが、それほど変わり映えはしない。とはいいながらも、せっかく買ったのでそのまま使うことにした。

「ちっ、面倒臭《くせ》えな……」

その日もM園さんは、スマホに届いた大量のスパムメールを削除していた。ほとんどが個人メールを装った出会い系のメールばかり。さすがに毎日のことで、いい加減うんざりしていると、それらメールの中に毛色の違うメールが届いていることに気がついた。

〝ミサコです〟というタイトルのそのメールを開くと、

〝こんにちは、ミサコです。今日は何してるの？〟

という一文があるだけで、他に有料サイトへ誘導するようなアドレスも何も書かれていない。

けれども知り合いに〝ミサコ〟という名前の友人もいないので、ただの間違いメールだろうと思っていた。

ところが〝ミサコ〟からのメールは毎日のように届く。メールには、

〝今日、私は午後から買い物をしてきました〟

といった短い文章で、出かけたことや読んだ本、その日に食べたものなど彼女の日常が書かれている。

スマートフォンの元の持ち主へのメールかとも思ったが、送り先は自分のメールアドレス宛なので、そんなことはあり得ない。

毎日のメールに、気味が悪いと思い始めたある日のこと。

〝あたしこんなになっちゃった〟

というタイトルのメールが送られてきた。どうやら写真が添付されている。

(なるほど、スパムメールだったか)

多分メールには、他のスパム同様にHな写真と一緒に有料サイトへのアドレスが書かれているんだろうなと思ったが、なんとなく気になってしまう。

(見るだけなら、害はないだろう)

そう思ってメールを開いた。

本文はなく、女性の顔がアップになっている写真だけが添付されていた。年の頃は二十四、五くらい。愛くるしい顔立ちで栗毛色の短い髪をセンターで分けている。目は閉じていて、まるで眠っているように見える。

てっきりHな写真と思っていたので、M園さんはそれを見て拍子抜けした。

翌日も〝ミサコ〟からのメールが届いた。

昨日のメール同様、本文はなく、眠っているような愛くるしい顔の写真だけ。

その翌日も〝ミサコ〟からメールが届いた。タイトルは〝今日はこんな感じです〟。開くと、昨日と変わり映えのしない写真が添付されている。

以来、メールは毎夜決まって十二時を過ぎる頃に送られてきた。

毎日毎日届く、同じタイトルと同じ写真。ところがある日、送られてきた写真を見ると、写真の女性の顔色が悪くなってきているように感じた。

肌の血の気は失せ、目の周りがくぼんでいる。やがて一週間を過ぎた頃には、顔中を紫の斑点が覆っている。

（これ、もしかして死体の写真じゃねーの？）

日々変わっていく写真に、M園さんは不安を持つようになった。

九日目、十日目と〝ミサコ〟からのメールが届くが、怖くて開けることができない。

さすがに耐えきれなくなった彼は〝お願いです。悪戯《いたずら》はやめてもらえませんか？〟と返信を打った。


翌日〝ミサコ〟からメールが届いた。タイトルには、

〝いたずらじゃないです〟

とある。明らかに昨日のメールに対する返信だ。

すぐにメールを開くと、紫色に腫れ上がり、腐敗しかかった女の写真が現れた。

〝はやくたすけて〟

メールにはそう書かれていた。

「うわわわわわわわわっ！」

大慌てでスマホの中からＳＩＭカードを引き抜くと、本体を部屋の隅に向かって放り投げた。壁に当たったスマホは何回かバウンドすると、タンスの裏に落ちて見えなくなった。

「次の日、即行で元の黒いスマホに戻したんですけど、それが良かったのかな？　〝ミサコ〟からのメールは来なくなりましたよ。スパムは相変わらずですけど……」

しかしその後も夜十二時を過ぎると、タンスの裏からブルブルとバイブレータの震える音が聞こえてくるのだそうだ。

黄色いゴムボール

今から二十年ほど前の夏の夜のこと。当時大学生だったKさんは、夏休みに友人O澤のマンションへ遊びに出かけた。

O澤は大学のホラー同好会に所属しており、その中でも一、二を争うほどのビデオコレクターで、その夜は彼の部屋で自慢のコレクションを見せてもらう約束だった。

O澤の部屋に入るとビデオテープが所狭しと棚に並べられ、それぞれビデオの背には、手書きのタイトルが書かれた白いシールが貼ってある。

当時はまだまだDVDが普及しておらず、ビデオが全盛の時代。特にマニアなホラー映画はビデオテープでしか出ていない時代だった。

Kさんもかなりのホラーマニアを自負していたが、並んでいるタイトルを見ても、ほとんど知らないものばかりだ。

「そりゃそうだよ。コレクションのほとんどは、世には出回っていない個人撮影のものばかりだからな……。今日はすごいのを見せてやるよ」

O澤は普段学校では見せたことのない薄笑いを浮かべると、後ろの棚から『噴水・イン・

モーターパーク』と書かれた一本のテープを取り出すと、傍らのビデオデッキに入れた。

　それはタイトルからは想像も出来ないほど、酷い内容のものだった。

　夜、外国らしき街の地下駐車場を金髪の女性がひとり歩いている。天井の蛍光灯は切れかけ、時折明滅を繰り返している。女性は自分の車に戻る途中なのか足早に歩いていると、突然車の陰からマスク姿の男が飛び出し、女性を襲った。握られたサバイバルナイフのようなものを振り回しながら女性の前に立ちはだかると、女性の服と腕を切りつける。腕から流れる血に、半狂乱となった女性は、悲鳴を上げながら駐車場内を逃げ惑う。

　男はまるで獲物を追いつめるように、女性をゆっくりと駐車場の奥へと追い込んで行く。どうやらカメラマンは別にいるらしく、ナイフを振り回す男と一緒になって、女性を追いかけている。画面からは時折、カメラマンが男に指示する声が聞こえ、それが生々しいリアリティを感じさせた。

　やがて誰もいない駐車場のゴミ置き場へと追い込まれた女性は、ナイフを持った男に後ろから羽交い締めにされる。

　女性は必死になって腕を振り解こうとするが、男は女性の首筋にナイフをあてると、躊躇なく真横へスッと引いた。

次の瞬間、女性の首からは血が噴水のように噴き出し、声を出すことをやめた女性はそのまま膝から崩れ落ちる。

カメラは、倒れこみ薄目をあけ痙攣している女性と、駐車場の床に広がっていく血の海を映し出していた。やがて絶え絶えだった女性の呼吸は止まり、まったく動かなくなった。

その前で男は血に濡れたナイフを突き上げ、カメラマンの男と一緒に勝利の雄叫びを上げている。


ホラー映画の猟奇シーンを真似たとはいえ、素人レベルを超えたリアルさに、Kさんは思わず顔をしかめた。

「なんだよお前、この程度でビビっていたら、この先見れないぜ」彼の表情を見て、O澤がケラケラと嬉しそうに笑った。

「これなんか最近手に入れたやつなんだけど、すごくスカッとするぜ！」

間髪入れずにO澤は背後の棚から『黄色いゴムボール』とタイトルの書かれたビデオを取り出すと、見せびらかすようにKさんの目の前でひらひらさせた。

「お、俺ちょっと飲み物でも買ってくるわ……」

一本目のビデオで気持ちが悪くなったKさんは、席を立つとO澤の部屋を飛び出した。

外に出ると、急激に夏の暑さが戻ってくる。マンションを出て少し歩いただけで、腕や背中から汗が噴き出してくるのがわかる。

しかしそれが、現実を感じさせてくれて、さっきの嫌な気分を打ち消してくれるようで心地が良かった。

少しの間、コンビニで時間を潰し、気分が落ち着いたのを見計らうと、KさんはO澤の待つマンションへと戻った。

マンションのエントランスでエレベーターのボタンを押す。七階で止まっていたランプが、ゆっくりカウントダウンを始める。
5、4、3、2……やがて数字は1を示すと、チンという音と共にドアが開いた。
すかさず乗り込もうとしたKさんは、一歩踏み込んだところで慌てて足を止めた。

中には黄色いレインコートを着た少女が立っている。星の綺麗な晴れた夜だというのに、なぜかレインコートはびっしょりと濡れている。

背は小さく、フードをすっぽり頭からかぶっていて顔はよく見えない。見たところ小学校一、二年生ぐらいだろうか?

レインコートからぽたぽたと垂れる雫が床で水たまりになっている。

「どうしたの？　降りないの？」

Kさんが尋ねても少女は俯いたまま何も答えない。仕方がなく乗り込むと、

「じゃあお兄さんこのまま七階まで上がるよ」

七階のボタンを押した。静かにドアが閉まると、ゆっくりと上がっていく。中には床に垂れるしずくの音だけが響く。

(こんな夜中に女の子がひとりぼっちでエレベーターに乗ってるなんて……)

夜の街中ではないにしろ、さすがにこの状況はおかしいと思ったKさんが、少女に声をかけようとした。

ポーンという音とともに、停止すると、目の前のドアが開いた。

と同時に、Kさんの脇をすり抜けるようにして、少女がエレベーターから飛び出していく。

追いかける形となったKさんも、エレベーターから降りる。ところがエレベーターホールから通路を見渡すと周りの様子が何か微妙に違う。

驚いてエレベーターを確かめると、扉の横には11の文字が見える。

(え、十一階……)

あっけにとられているKさんのすぐそばで、パタパタパタパタパタ……と少女の足音が響いた。思わず見まわしても、少女の姿は見えなかった。ただホールから続くまっすぐな

廊下には、レインコートから垂れたであろうしずくの跡が、一本の道筋として残っていた。

O澤の部屋に戻ると、O澤はリビングの真ん中で椅子に座って窓の外を見ていた。時計を見ると自分が部屋を出てから、随分と時間が経っている。

「遅くなってごめん」

Kさんが声をかけるがO澤は返事をする様子もなく、窓の方を向いたまま。よく見るとO澤はふらふらと体を左右に揺らしている。

「おい、どうしたんだよ」

O澤の様子がおかしいことに気づいたKさんは、リビングへと足を踏み入れた。次の瞬間、ピシャッという音とともに、靴下の濡れる感触が走った。

驚いて床を見ると、フローリングの上に水たまりができていて、それはO澤の座っている椅子の下にまで広がっている。

「どうしたんだよ、この水！」

椅子に座るO澤に駆け寄り手を伸ばした瞬間、O澤の体は背もたれから滑り、そのまま床の上に転げ落ちた。

——ビシャッ

水しぶきをあげ、仰向けでO澤が倒れる。急いで抱きかかえると、閉じた左目が血で染まっている。

「大丈夫かっ！」

声をかけても、まったく返事がない。

（部屋を出ている間に一体何が起こったんだ？）

Kさんは部屋の電話を取ると、救急車を呼んだ。リビングのテーブルの上には、あの『黄色いゴムボール』と書かれたビデオが置かれていた。


病院に運ばれたO澤は、幸い左目の失明は避けられ、翌々日には退院することができた。

出血については「眼球を何かで傷つけたためだろう」と医者は語ったが、それについてO澤は何も語ろうとしなかったし、Kさんも無理にそれ以上聞き出すことはしなかった。

O澤は残りの夏休み、目の療養を理由に実家へ戻っていった。

ところが夏休みも終わり、授業が始まってもO澤は学校に戻ってこなかった。

同好会ではO澤に何が起きたのか、色々詮索する声もあったが、Kさんはあの夜のことを誰にも話さなかった。

そして十月の終わり頃、O澤の退学届が提出されたことを知った。

退学の理由は交通事故による死亡。

話では、実家近くの道を歩いている時、後ろからやってきた軽トラックに跳ね飛ばされ、弾みで道路脇の用水路に落ちて溺れ死んだのだという。あまりの惨《むご》たらしい死に方にKさんを含め同好会のメンバーは、何も言うことが出来なかった。

しばらくして、同好会宛にO澤の両親の名前で、一箱の段ボールが送られてきた。

蓋を開けてみると『生前は息子が大変お世話になりました。息子の形見のコレクションを皆さんのお役に立ててください』と一筆箋《せん》が入っていた。

その下には、O澤の部屋にあったあのビデオコレクションがぎっしりと詰められている。

Kさんは（扱いに困ったビデオテープを、形見分けと称して送りつけたんだな）と思った。

「これかぁ、O澤が自慢していたコレクションって……」

同好会仲間のS崎が箱の中のテープを興味深そうに取り出しては、一本一本テーブルの上に並べていく。

「なんだよ、箱の中濡れてるじゃん！　せめて拭いてから送ってくれよな」

S崎が怪訝そうな声をあげた。中を覗くとコップの水をこぼしたかのように、中がびしょびしょに濡れている。

やがて、さっきまで何もなかった段ボールの箱は、中から染み出してきた水で、あっという間に茶色く変色した。

「どっから、この水は出てるんだよ！」

怒りにも似た声を上げながらS崎が箱から取り出したのは、あの『黄色いゴムボール』と書かれたビデオだった。

気づけばテーブルの下には段ボールから溢れた水で、小さな水たまりができていた。


段ボールの届いた翌日から、S崎は同好会に顔を出さなくなった。それがきっかけだったのか、同好会のメンバーは次々と会を抜け、気づけば在籍しているメンバーはKさんと、顔を出さないままのS崎との二人だけになってしまった。

無人の部室に入ると、テーブルの上にはあの日のまま、ビデオテープの入った段ボールが箱が置かれている。

何気なく机の上のテープを手に取ると、あの『黄色いゴムボール』と書かれたものだった。

あの夜、O澤に何が起きたのか？　Kさんはテープを箱に戻すと段ボールの蓋を閉じた。

その日以来、Kさんも同好会に顔を見せることなく、まっすぐ家に帰ることが多くなった。

帰りにどこかへ寄るという選択肢もあったが、その頃は不思議と家の中でひとりでいるのが落ち着いたという。


そんなある日、学校から戻ったKさんが部屋でくつろいでいると、隣の弟の部屋から車のブレーキ音と衝突音のような音が聞こえてきた。

驚いて隣の部屋に行ってみると、弟がテレビに釘付けになっている。どうやら何かのビデオを見ているらしく、気になったKさんも、弟の見るテレビ画面を見つめた。

映し出された映像は少し荒れていたが、家庭用のビデオカメラで撮られたものだった。しとしとと雨の降る田舎の風景がそこに映っている。しばらく代わり映えのない絵が続くと、やがて人通りのない田舎道に画面が切り替わった。車一台ほどが通れる細い道の端を、黄色いレインコートを着て傘をさした少女がひとり歩いている。映像はその少女の後ろを、追いかけるように撮っている。おそらく父親が娘を撮ったホームビデオのようなものなのだろう。

画面からは時折りカメラマンの、「ちゃんと歩いて」「あそこまで歩いて」と指示をする声が聞こえる。少女はしばらく歩くと十字路になった交差点へさしかかった。目の前の信号が青なのを確認すると、ゆっくりと横断歩道を渡り始める。

と次の瞬間、曲がろうとしていた乗用車が突然スリップし、横滑りのまま横断歩道を歩いている少女を跳ね飛ばした。少女の体はぶつかった衝撃で空中へ十メートルほど飛ばされ、アスファルトの上をゴムボールのように二度三度とバウンドした後、地面の上を転がると、脇にあった側溝に転げ落ちた。

すぐさまカメラが少女に向かって走って行く。

側溝に駆けつけると、少女は頭から水に突っ込んだ状態でピクリとも動いていない。

カランカランとカメラが投げ出された音がすると、以降の映像はアスファルトの上で横倒しになったものとなった。

画面には側溝から引き上げられ、レインコートのフードを脱がされたらしい少女の頭に、車のラジオアンテナのようなものが、左目の辺りに突き刺さっているのが見える。

「大丈夫か！　大丈夫か！」

画面の向こうではカメラマンの男の声が響いている。

Kさんは思わず目を伏せると、そっと弟の部屋から離れた。

映像を何度も繰り返し見ているのか、弟の部屋からはあのブレーキ音と衝突音が何度も聞こえてきた。

それから間もなくして、Kさんの弟が亡くなった。ひとりで趣味の夜釣りに出かけたが、朝方近くを通りかかった漁船が、海面に浮く弟の溺死体を発見した。

警察は、誤って堤防から転落したものと判断したが、遺体が見つかったのはかなり沖合とのこと。

両親とともに警察署へ身元の確認に行ったKさんは、弟の遺体を見て驚いた。白い布をかけられた弟の遺体はずぶ濡れで、上からかけられた布がびっしょりと濡れている。

「落ちた際にどこかにぶつけたみたいで……」

そう言って警察官がかけられた布を外すと、どこかにぶつけたという左の頭は肉と目がえぐれ、激しく損傷していた。


弟の葬儀を終え、自分も両親もようやく落ち着きを取り戻した頃、Kさんは主のいなくなった隣の弟の部屋に入った。

部屋は生前のままで、呼べば弟が普通に出てきそうな感じがする。壁にはこれまで釣った魚の魚拓が貼られており、近くの海へ行った時の写真も飾ってある。Kさんはそれらを眺めながら「つい先日までは、ここに弟がいたんだよな」と感慨に浸っていた。

「そういえばあいつ、死ぬ前に変なビデオを見ていたな。あれはいったいなんだったんだろう？」

急にあの日のことが気になり、デッキの中のテープを確かめようと弟が座っていたソファーのところまで来た時だった。

——ビシャッ

カーペットの上がいつしか水浸しになっている。水の出所を確かめると、テレビ台の周辺が激しく濡れている。近寄って確かめてみるとそれは、テレビ台の中に収められたビデオデッキの中から吹き出しているとわかった。

「なんでビデオデッキから水が？」

デッキの電光表示板が明滅を繰り返している。Kさんはテープイジェクトのボタンを押した。ガシャガシャという機械音の後に、挿入口からテープが吐き出された。

そこには手書きで『黄色いゴムボール』と書かれていた。Kさんはテープをそのままにして部屋から逃げ出した。

テープを見つけてからKさんは、それをどうするか悩んでいた。

弟があれをどこから手に入れたのか、そしてどう処分したらよいのか。考えてもなかなか良い案が出てこない。

そうこうするうちに数日が過ぎ、Kさんは思い切ってもう一度弟の部屋の中に入った。

テレビ台に近寄りデッキのテープを取ろうとした時、あの『黄色いゴムボール』のテープが消えていることに気づいた。

(もしかしたら誰かがうっかり持ち出したかもしれない)

慌ててキッチンへ降りていくとそこにいた母親に尋ねた。

「あぁ、あのビデオ? お昼にO澤くんが取りに来たから返しといたわよ?」

「O澤?」

「そうよ、Kくんに貸してたビデオを返してくださいって……」

Kさんは母親に、O澤が随分前に死んだことを伝えていなかった。


結局、部員のいなくなったホラー同好会は翌年の春に廃部となった。結局S崎も顔を出さず行方もわからないままであった。

同好会最後の日、部室を明け渡すためにKさんが赴くと、来年度からここを使うプログラミング研究会の面々が、手伝いに来てくれていた。

ビデオデッキやテレビなど備品はそのままに、それ以外のものは、ほとんどすべて廃棄処分となった。

S崎がいなくなってからずっとテーブルの上に置かれていた、あのO澤の段ボール箱は、片付けのドサクサの中どこかへいってしまったという。


そしてそれから一年ほどが過ぎた時、久しぶりにKさんから私の所へ連絡があった。

「今度俺の家、建て直すことにしたんです」

そういう彼の声が少し沈んでいる。何か困ったことでもあるのかと聞いてみると、

「実は建て直しで荷物の整理をしていた時、家の物置からO澤のコレクションが収められている段ボール箱が出てきたんです……しかも床がぐっしょり濡れていて……西浦和也さん俺、怖いんで今度会ってくれませんか？」

怯える彼を元気づけようと私は近いうちに再会する約束をした。ところが会う日が近づく頃にはKさんからの連絡は途絶え、SNSは使えなくなり二度と連絡が取れなくなった。


数年前、仕事で偶然、彼の自宅の近くを訪れる機会があった。

当時の記憶を頼りに、Kさんの家を訪ねてみると、以前あったはずの建物はなく、代わりに時間貸しのコインパーキングになっていた。

コウジのお守り

Ｆ本くんは小学校の頃、同級生のコウジの子分だった。

そのため、いつも使い走りをしたり、掃除当番を代わったり、コウジの宿題をさせられていた。

そんなＦ本くんが、コウジについて気になっていることがひとつあった。

それは、いつも首から提げているお守り袋。

神社などで売られているような物ではなく、手縫いの袋に細い紐が付けられている。

何度かお守りについて聞いてみたが、その度にコウジは曖昧な返事しかせず、Ｆ本くんのいる前では、決して肌から離そうとはしなかった。


夏休みのこと。ふたりで近くのプールへ出かけた。

コウジは更衣室でさっさと着替えると、プールへ飛び出していった。

目の前のコウジの服に目をやると、その上にお守り袋が無造作に置かれている。

（このお守りの中に、何が入っているんだろう？）

周りを見回し、コウジがいないことを確かめると、お守りの中を覗いた。

中には和紙にくるまれた、小さな木の板が入っている。

取り出してみると、板には二文字の難しい漢字と、その裏にはコウジの誕生日が書かれている。

「おい！　早く来いよ！」

しびれを切らし、戻ってきたコウジに声をかけられ、F本くんは思わずお守りをポケットの中に押し込んだ。

帰り際、「お守りがない」とコウジが騒いだが、F本くんは何も言わなかった。


翌日、コウジからジュースを買ってくるように命令された。

普段なら黙って買ってくるところだったが、たまたま機嫌の悪かったF本くんは、

「いつも僕ばっかり。たまにはコウジくんが行ってよ！」

と、言い返した。

てっきりコウジに怒られると思っていたが、コウジはくるりと背を向けると、黙ったまま店の方に駆けていった。

しばらくして戻ってきたコウジの手には、ふたり分のジュースが握られていた。

この日から、ふたりの立場は逆転し、コウジはＦ本くんの言いなりになった。

（きっとこれは、僕があのお守りを持っているせいなんだろう）

Ｆ本くんはお守りを家の机にしまい、このことは誰にも話さなかった。


ある時、街を大きな地震が襲った。

コウジのお守りは、地震の後の火事で家と一緒に焼けてしまった。

しばらくして、街に戻ってみると、コウジが火事で亡くなったと聞かされた。

知られてしまうと、相手の言いなりになってしまうといわれる〝忌名〟の存在を、Ｆ本くんが知ったのは、随分と後になってからだった。

手作り石鹸

「ソリマで見つけたんですけど……」

会社のお昼休み、O本さんが食事から戻ると、後輩のカンザキが声をかけてきた。

「じゃ～ん！　ほら、すごいでしょ～」

そう言って、O本さんが渡されたのは、手作りの石鹸。

深いオレンジ色で、大ぶりで、握りこぶしほどの大きさがある。

顔を近づけてみると、ほのかに甘酸っぱい香りがした。

「あら、いい香りね」

「そうでしょ？　泡立ちもすごくいいんで、いま、私のお気に入りなんです。使ってください！」

カンザキが、いつもの屈託のない笑顔でこちらを見つめている。

O本さんはカンザキに向かって軽くほほえみ返すと、石鹸をポケットに滑り込ませた。

その夜、O本さんは家に帰ると、もらった石鹸をお風呂で試すことにした。

（さて、カンザキご自慢の石鹸を試してやろうじゃないか〜）

お湯につけた途端、深いオレンジ色は、透明感のある緋色になった。

オレンジの柑橘系の香りが、浴室いっぱいに広がった。

と同時に、お湯につける前には感じなかった、僅かな鉄のような臭いがする。

少し気にはなったが、石鹸の泡立ちと肌触りの良さに彼女は満足した。


「あのぅ。先輩、最近怪我とか大丈夫ですか？」

数日後、不意に後ろからカンザキが声をかけてきた。

いきなりのことに驚いて振り返ると、顔には大きなアザを付けたカンザキが立っている。

思わず息をのんだ。よく見ると、腕や足の至るところには絆創膏が貼られている。

「い、いや……べ、別に私の方は……」

咄嗟にそう答えたが、言われてみれば、確かにここ最近、不思議と小さな怪我が多い。

何度もコピー用紙で手を切ったり、いつものドアで指を挟んだり、なんでもない段差で転んだりと、生傷は絶えなかった。

「……そ、それよりあなたの方こそ、何かあったの？」

カンザキのあまりの有様に、思わず訊き返した。

しかし、彼女はO本さんの声がまるで聞こえなかったのか、黙って踵を返すと、そのまま立ち去って行った。

その夜、O本さんが帰宅中のこと。

駅からの帰り道を、ひとりで歩いていると、

〈ドスンッ！〉

いきなり背中に、何かがすごい勢いでぶつかった。

（わあっ！）

大きくバランスを失い前のめりになると、彼女は頭からアスファルトの上に倒れ込んだ。額が路面に擦れ、ちぎれるような激しい痛みが襲った。

「あ、痛たたた！　……誰よ！　まったくもう！」

大声を上げ、頭を押さえながら起き上がると、O本さんは自分にぶつかった相手を探した。しかし、いくらあたりを見回しても、自分以外に誰もいない。

額を押さえた手のひらの間から、生温かい血が垂れた。

翌日、額に包帯を巻いて出勤すると、カンザキが駆け寄ってきた。

見ると、カンザキは頭と腕に包帯を巻いている。

「へ、変なこと聞いていいですか？　先輩、石鹸を使い始めてから何かありませんか？」

「石鹸を使い始めてから？」

眉をひそめながら、カンザキがこくりと頷く。

「実は、私の石鹸の中から、厭な物が出てきたんです」

「石鹸の中から厭な物？」

「……爪……人の……爪なんです。それも、爪切りなんかで切ったやつじゃないんです……わ、私、怖くなって、すぐに捨てたんですけど……」

カンザキはそう言うと、目の前で顔を覆いながら泣き崩れた。


家に戻ると、O本さんはすぐに石鹸を確かめた。

細かく刻んでバラバラにした石鹸の中からは〝生爪〟が一枚、出てきた。

ヤスリを掛け、きれいに先が整えられたそれは、どう見ても女の小指の爪。

爪の根元には、乾燥して黒く縮れた肉片が付いていた。

（何よ、これ……）

爪と石鹸は、その夜のうちにビニールで幾重にもくるむと、家から遠く離れた公園のゴミ箱に捨てた。

「おい、カンザキが昨日の夜に亡くなったぞ……」

翌日、会社に行くと、上司からいきなりそう言われた。

帰宅途中、最寄り駅のホームから誤って転落。その時、ホームに入ってきた列車に撥ねられ即死だったという。

O本さんは、カンザキをホームから突き落としたのは、あの夜、自分にぶつかったのと同じ〝何か〟なのだろうと思った。

幸い、それ以降、O本さんが怪我をすることはなくなった。

ギイイイ

今から三十年以上も前。

当時、小学五年生だったM香さんの通っていた村の分校が、生徒数の減少で廃校となり、代わって新学期から、少し離れた本校に通うことになった。

通い慣れた学校が無くなるのは少し淋しかったが、同じ分校の仲間や同級生も一緒なので、M香さん的に転校はそれほど嫌ではなかった。


新しい学校での初日。

講堂に全校生徒が集まり、始業式が行われた。

先生の話が終わり、分校の生徒が最前列で横一列になって並ぶと、彼女たちへの歓迎会が始まった。本校の代表が歓迎の言葉を述べ、やがて全校生徒からの歓迎の歌が始まった。

初めて聞く歌に、M香さんが聞き入っていると、少し離れて立っていた家が近所の子が、もぞもぞしている。

（タケオったら、どうしたんだろう？）

タケオは、しきりに振り返っては、後ろを気にしている。

そこには、舞台の下に付けられた小さな鉄扉があった。灰色に塗られた扉には、金色の取っ手がひとつ付いている。

その扉が、カタカタと小刻みに震えている。

どうやら、タケオが気にしているのはこの扉らしい。折角の歓迎の歌もそっちのけで、何度も振り返っては、落ち着かない様子を見せている。

と突然、震えていた扉が、すっと少しだけ開いた。

タケオが扉の奥を覗き込むと、その表情がみるみる青ざめていく。

（何？　何があるの？）

M香さんも覗こうとするが、半開きの扉は彼女と逆に開いているため、今いる所からは見ることが出来ない。

覗き込んでいたタケオが、急にM香さんの方を振り返った。

「ね、姉ちゃん……、この中にさぁ、おん……」

小さな声でタケオが何か言おうとした時だった。

「おっ、おっ、お……ギィィィ――――ッ！」

何かを言いかけたタケオが、突然絶叫を上げた。

その声で、生徒たちが一斉にざわつく。

「ギィイィ――、ギィ―――ッ！」

まるで、吸い込んだ息を吐けないまま、必死に声を出そうとしている。

目を大きく見開き、もがくような仕草でタケオが扉を指さした。必死で扉の奥に目配せを繰り返しながら、怯えたような目で何かを訴えている。

「沢渡くん、どうしたっ！　そのままジッとして……」

横合いから男の先生たちが現れ、あっという間にタケオを背中に担ぐと、そのまま講堂から運び出していった。

「ギィイイ―、ギィ―――ッ！」

運び出される間、先生の背中で、ずっとタケオは叫び続けていた。

結局、この騒ぎのせいで歓迎会は中止。

M香さんたちは、元いたクラスの列に戻された。列に戻る途中、

「ギィイィだ……」

と、誰かが呟いたのが聞こえた。

保健室に運ばれたタケオは、そのまま家に帰され、翌日学校には来なかった。

ギィィィ

タケオが発作を起こした始業式から、一週間が過ぎた。

しかしあれ以来、タケオは学校に来ない。

「M香ちゃん、ちょっと帰りにでも、様子を見てきてくれる？」

担任に促され、M香さんは学校からの帰りがけ、タケオの家に寄った。


小さい頃から通い慣れているタケオの家。

玄関で声をかけると、中からタケオの母親が現れた。

「おばさん、タケちゃん、まだ治らんの？」

「発作は出んようになったんだけどね。部屋から出てこんのよ、時々叫んだりして。学校が変わったのが、いかんかったのかねぇ……」

タケオの部屋に入ると、タケオは部屋に敷かれた布団の上に、膝を抱え座っていた。

怯えたような目つきで、M香さんを見上げている。

「どうしたの、タケちゃん。みんな待ってるし、早く学校来なよ」

しかし、M香さんの問いかけにも、黙ったままで喋ろうとしない。

「新しい学校も楽しいよ！　校舎だって新しいし、校庭だって広いし……」

「楽しくなんかないよ……」

下を向いたままタケオが言う。

「M香ちゃんは、あれを見てないからそんなこと言えるんだ……」

「あれって？」

「講堂にいる、あれだよ」

「タケちゃん、何のこと言ってるの？」

「始業式の時に、舞台の下から出てきた、お、お、お……ギィィィ――――ッ！」

突然発作を起こしたようにタケオが仰け反ると、そのまま布団の上でもがき始めた。

「おばさん！　おばさん！　タケちゃんが……」

その声に、血相を変えたタケオの母親が部屋に飛び込んできた。

もだえるタケオを落ち着かせようと、必死に布団へ押さえつける。

しかしタケオはバタバタと暴れていうことを聞かない。

「M香ちゃん、ごめんね。畑へ行っておじさんを呼んできてくれる？」

「うん！」

そう返事をすると、M香さんは部屋を飛び出した。

「ギィィィ――――ッ！」

背後で、ひときわ大きいタケオの叫び声が上がった。

思わず立ち止まって振り返ると、タケオの部屋の前に誰かが立っている。

それは、三つ編みを結った同い年くらいの少女。

しかし、タケオの家に女のきょうだいはいないはず。どこの子なんだろうと見ていると、
少女はすっと部屋の中に入っていった。

「ギヒィィィ――――――ッ！」

部屋の中でタケオの絶叫が響いた。M香さんは、急いでタケオの家を飛び出した。

長雨が続く梅雨のある日。
雨で校庭が使えないため、体育の授業は講堂で行われることになった。
体操服に着替え講堂に行くと、M香さんが一番乗りだった。
もうすぐみんなも来るだろうと、誰もいない講堂で友達が来るのを待った。
――キィ――――――ッ
講堂の中で、サビ付いた金属同士が擦れる音が響いた。
音が聞こえた方を見ると、舞台下の鉄扉が開いてるのが見えた。
やがて、扉の中から体をかがめながら、少女が現れた。
(あれっ？　あの子……たしか)

それはタケオの部屋の前で見た、三つ編みの子。

（舞台の下で何をしてたんだろう？）

そう思って眺めていると、こちらを向いた少女と視線が合った。

すると、少女はあっちに行けとばかりに大きく手を振った。

女の子の様子からすると、扉の中には見せたくない何かがあるらしい。

気になったM香さんは、少女の方に向かって歩き出した。

「M香、お待たせっ！」

その時、ポンと後ろから肩を叩かれた。

振り返ると遅れてやってきた同級生のマユミが立っている。

「ねえ？　どこに行こうとしてた？」

そう言ってマユミが、舞台の方へ視線を向けると、手を振る女の子に気づいた。

「あれっ？　あんな所で、おん……、おん……、お……」

会話の途中で突然、マユミの様子がおかしくなった。タケオの時と同じ、舞台の方を見据えたまま、ガクガクと震えている。

「おん、おん、あそこに、お………ギィィィ――――ッ！」

マユミは、大声を上げ床の上に転げると、海老のように体を仰け反らせた。

すぐに担任が飛び込んでくると、床の上に転がっているマユミを抱き起こした。

「M香、いったいマユミに何があった？」

担任の問いかけに、M香さんはわからないと首を振るしかない。

舞台の方を見ると、鉄扉の前では少女がこちらの様子を窺っている。

「先生！　そういえば、あそこに……」

舞台の方を指さし、そう言いかけたが〝女の子〟という言葉が出てこない。

担任は、すぐに彼女の指す舞台の方を振り返る。

「あそこに、おん、お、おん……」

「あそこ？　あそこになんだ？　舞台の所に何かあるのか？」

「おん……、おん……、おん………」

何かに取り憑かれたかのように、同じ言葉が口をつき、呼吸が出来ない。

「おん……、おん……　ギィィィ――――――――ッ!!」

M香さんの目の前が、真っ暗になった。

M香さんが、気がついたのは保健室のベッドの上だった。

隣のベッドを見ると、マユミが寝ている。

思い出すと、あの時の恐怖が甦ってくる。

（多分、マユミもタケオもあの女の子を見て、おかしくなったに違いない。けれども、あの舞台の下には何があるんだろう？）

ボーッとしながら、ベッドの上で天井を見つめていると、目の前にぬっと顔が現れた。

すぐ頭の上で、三つ編みの少女が黙って自分を見下ろしている。

「あっ……、あっ……、あっ………」

咄嗟に声を出そうとしたが、思うように言葉が出てこない。

ベッドの上でもがくM香さん。その耳元に向かって少女が言った。

「あ～っ……、あっ、あっ………」

〈……ワタシノコト、イッタラ……殺ス……〉

M香さんの目の前が、再び真っ暗になった。


その後も、M香さんは講堂で、時々あの少女を見かけた。

突然「ギィィイ」と声を上げ倒れる子を見かけ、少女のことを先生に伝えようと思ったが、その度に言葉が出なくなったという。

六年生に上がってすぐの頃。

しばらく会わなかった叔母が、久しぶりにM香さんの家へ遊びに来た。

すると、M香さんを見るなり叔母は表情を曇らせた。

「……M香ちゃん、今変な女の子に憑き纏われているでしょ……」

叔母はポケットの中から自分のお守りを取り出すと、彼女の手に握らせ、

「これは気休めだけど、今度おばさんがちゃんとしたの持って来てあげるから……」

そう言い残すと、急ぐように帰って行った。

一週間後、叔母は家で突然倒れ、そのまま意識を取り戻さないまま亡くなった。

M香さんは、二度と少女のことは言うまいと心に誓った。


小学校を卒業してから、二十数年ぶりの同窓会があった。

同級生と久しぶりに再会し、懐かしい思い出話に花を咲かせていると、学級委員長だったエンドウが話に混じってきた。エンドウは、あの小学校の先生になったという。

「学校もいろいろ変わってさ、あの講堂も去年建て直しで、解体したんだけどね……」

解体前、業者が講堂を確認すると、舞台の下から布に包まれた箱が出てきた。

「タイムカプセルのようなものかと思って開けてみたら、ノートが出てきてさ……」

ノートには、二十人分以上の名前と「死ね！」の文字がびっしり書かれていた。

生徒の残した品かもしれないが、さすがに気味が悪いと、ノートは焼却炉で処分されたとエンドウは言った。

（そうか……あの少女は呪いを成就させるため、箱のことを隠そうとしたんだな……）

M香さんは、その時そう思ったという。

同窓会から戻って夫にこのことを話したが、言葉が出なくなることは、もうなかった。

少女の呪いが成就したのかは、今となっては確かめようもない。

ミッジの仏壇

古物商のA井さんが、まだ二十代の頃の話だ。

当時、取引していた相手にミッジという男がいた。七十歳をとうに過ぎた老人で、生業は廃品回収業者。毎日街中をぶらついては仕入れてきたものを、A井さんの店に持ち込んでくる。

ほとんどが、どこかで拾ったようなガラクタばかりなので、買い取ったとしても二束三文の値段にしかならなかったという。

その日も、いつものように仕入れてきた品物を、ボロボロの軽トラックに積んでやってきた。

「今日も品物、買い取ってくれにゃぁかね？」

ミッジが店の奥にいたA井さんに声をかけた。品定めのためトラックに近寄ってみると、荷台にはガラクタに混じって、小ぶりではあるが立派な仏壇が積んである。

「今日はちょっとはまともなものがあるな」

A井さんが右手で金額を示すと、ミッジの表情が急に変わり、かった。

「悪いけど、仏壇は売り物じゃにゃぁ」

急に声を荒らげると、足早に車へ乗り込み、早々に立ち去っていった。

なんでいきなり怒り出したのか、何が気に入らなかったのか、A井さんにはわからなかった。

ところが、その日を境に、ミツジはパタリと店に来なくなった。

同業者に話を聞くと、家に閉じこもったまま外出もせず、心配して立ち寄ってみると、何も食べていないのかすっかりやせ細り、見る影もないほどの姿だったという。

「なんでそんなことに……」

気になったA井さんは、仕事を終えた足で、ミツジの家へ出向くことにした。

買取表に書かれた住所を頼りに、山間の道を走って行くと道から少し入った林の奥に、ミツジの軽トラックと平屋の家が見えた。

かなり年季の入った木造の家で、壁の漆喰《しっくい》はところどころ剥げ、木製の窓枠は少し傾いている。

A井さんは玄関にかけられている表札を確かめると、ガタガタと扉を開けた。

「よう、ミツジ。生きてるかぁ?」

声をかけたが返事が聞こえない。少し不安になったA井さんは玄関を上がると家の奥へと進んだ。

家の奥ではミッジが明かりもつけず向こうを向いたまま座っている。よく見るとミッジの目の前のちゃぶ台の上には、あの仏壇が置かれている。

すっかり痩せ細ったミッジには、以前の小太りだった頃の面影もない。

ところが後ろ姿のミッジは、両手を口元に当て、しきりに何かを食べている。

――クチャクチャクチャ
何を食べているのだろうと、A井さんがミッジの正面に回り込もうとした時だった。

ふいに頭を上げるとミッジが、

「……今夜もやってくるにゃぁ」

はっきりとした口調で言った。

突然、カタカタカタと部屋のタンスが音を立てると、次の瞬間、部屋中がガチャガチャ大きく揺れ始めた。タンスの上に置かれた箱が崩れ、天井から吊るされた電灯が激しく踊り狂う。梁《はり》や天井は激しく軋み立っているのがやっとだ。

(地震だ!)A井さんは、部屋の縁側から外へと飛び出した。

外に出て見ると、あれほどあった揺れは微塵も感じない。振り返ってみると、ミッジの家だけがガタガタ揺れている。

（ミツジは！）

A井さんは部屋にミツジを残してきたことに気づいた。慌てて揺れ続ける家の窓から中を覗くと、仏壇を前に相変わらずミツジは何かを食べている。

（なんとかしてミツジを外に連れ出さないと）

意を決して、A井さんが部屋の中に戻ろうとした時だった。

仏壇の辺りがぼぅと白くなったかと思うと、中から白い着物姿の女が現れ、ミツジの前に立った。

女はゆらゆら揺れながら、座っているミツジを見下ろしている。月明かりに照らされながら、ミツジが女の方を見つめ、恍惚の表情を浮かべている。

（いかん！　あいつ、変になっとる）

恐怖を感じたA井さんは、踵を返すと慌てて逃げ出した。


数日経っても、A井さんはあの光景が忘れられなかった。

なんであの仏壇から女が出てきたのか？　何が仏壇に祀られていたのか？

なんにしてもミツジの様子がおかしくなったのは、あの仏壇を手に入れてからのこと。

そんなことが頭を巡った。

「おい、今朝方ミツジのじいさんが、家で死んでたらしいぞ」

昼過ぎに店へやってきたが常連が、Ａ井さんに言った。

慌ててミツジの家に駆けつけると、甥だという男性が応対に出た。どうやら彼が第一発見者らしい。

「気になって部屋に入ってみたら、仏壇の前で倒れていて……見たら仏壇の中にうちの伯母の写真が飾ってあったんです」

「伯母さんの？」

「母から聞いた話なんですけど、ミツジ叔父さん、三月《み》ほど前に亡くなった伯母のことがずっと好きだったらしいんです。でも、最近は大きなお葬式ってしないじゃないですか。だから、あえて知らせることなく身内だけで葬儀を済ませたんです」

ところがそれがミツジには、耐えられなかったのかもしれない。ある日、彼女の墓が何者かによって荒らされ、骨壷の中の骨が持ち去られたのだ。

「母はミツジ叔父さんに違いないって言うんですけど、証拠はないですしね……」

あの仏壇は、好きだった彼女を自分で祀るために、見つけたものだったのだろう。

なんとなく、ミツジの切ない気持ちがわかるような気がした。

「で、部屋の中も探してみたんだけど、やっぱり伯母の骨らしいものはなかったんです」

甥の話を聞きながら、A井さんはあの晩のことを思い出し、恐ろしい考えが頭をよぎった。


あの時ミツジが口に入れていたものは、なんだったのだろう。

あれが普通の食べ物だったら匂いもするし、あれほどミツジが痩せ細ることもない。

もしかしたら、持ち去られた骨だったのではないか？　以前、死者の体を取り込むことで死者と一体化し、呼び寄せる呪術があると聞いたことがある。

だとしたら、ミツジが仏壇の前でしていたのは、それなのだろうか？　あの時見たのはその伯母の姿なのだろうか？


妙な考えが頭の中をぐるぐると渦巻く。

しかし、A井さんはぐっとこらえ、あの夜、見たものを甥には話さなかったという。

霧の中

S村さんは十年ほど前、隣町にあるテーマパークの廃墟へ行った。

かつては観光の目玉と呼ばれたテーマパークだったが、二〇〇〇年代初頭に経営が破綻。

今では、荒れ放題の廃墟となっている。

「廃墟には滅びゆく物の侘びしさと、美しさがあるでしょ」

車から、買ったばかりの一眼レフを取り出すと、ひとり撮影を始めた。

外れて落ちた券売機。首の折れたメリーゴーランドの馬。錆びに覆われたモニュメント。

夢中になって撮っているうち、気づけば辺りは夕闇に包まれていた。

帰る前にもう一枚だけ撮って帰ろうと、水の枯れ果てた噴水へカメラを構える。

ファインダーを覗き込む。

すると、噴水の中で女が立ってこちらを見ている。

驚いてファインダーから眼を離す。しかし、噴水には誰も見えない。

代わりに、噴水口に引っかかった白いビニールの紐が、ゆっくりと風になびいている。

再びファインダーを覗く。

顔面蒼白の女の顔が、すぐ目の前にあった。

「うわぁっ！」

思わず仰け反ると、手からカメラを放した。

しかし、辺りには女どころか人の気配すらない。

「うわぁぁぁぁぁぁっ！」

大声を上げると、入口に駐めた車へ走って逃げた。

空は、すっかり暗くなっていた。


S村さんは大急ぎで車に乗り込むと、廃墟から離れた。

曲がりくねった山道を、家に向かって飛ばした。

無表情の青白い顔と、白濁した黒目。女の顔が頭に焼き付いて離れない。

街まであと少しというところで、突然視界がぼやけた。

目の前が白く霞んでいく。

車内に、霧のようなものが立ちこめてくるのがわかる。

〈ウフフフフ……〉

後部座席で女の声がしたかと思うと、車内にアンモニアの臭いが広がった。

（ここで停まっちゃだめだ。とりあえず、灯りのある場所まで走ろう）

S村さんは、アクセルを踏み込むと街へと急いだ。


しばらく走ると、ドライブインの灯りが見えた。

S村さんは、車を駐車場に駐めると、車から飛び出した。

離れた所から車を振り返ると、車は白い霧のようなものに包まれている。

（これじゃ、車には戻れないな……）

S村さんは、携帯電話を取り出すと、母親に迎えを頼むことにした。

母親に電話が繋がると、ドライブインの側にいるという。

あまりにも出来すぎた話に、戸惑っていると、

「さっき、女の子が迎えに来てくださいって電話してくれたじゃない。隣でおまえが運転中だから代わりにって……」

S村さんは、迎えに来た母親の車に乗ると、家に戻った。


翌日、ドライブインに車を引き取りに行くと、車内はバケツで水を撒いたかのようにびっしょりと濡れていて、使い物にならなくなっていた。

歯

K奈子さんの夫サトシが、長期の単身赴任を終え久しぶりにマイホームへ戻ってきた。

最初のうちはK奈子さんも、ひとり娘のアリサも「パパが帰ってきてよかったね」と喜んでいた。ところが、サトシが家で暮らすようになって二週間ほどした頃から、家にある電化製品が頻繁に壊れるようになった。

取り換えたばかりの電球が切れたり、買って一年も経たない炊飯器やテレビ、それにトイレのウォシュレットまで、立て続けに故障する。

はじめは、たまたま故障が重なっただけだとK奈子さんは思っていたが、ある夜、アリサとふたりきりで夕食を取っていると、

「ねえママ、このごろ、パパがかえってくると、おうちの中がこわいの……」

と言い出した。サトシ自身が怖いのではなく、サトシがいると家の中の雰囲気が変わるのだという。

「そうなの？　じゃあ、もしかしたらパパは疫病神さんなのかもね？」

K奈子さんが冗談めかして言うと、アリサが急に口元を押さえた。

「アリサ、どうしたの?」

「うぇっ……おみそしるの中に、なんか入ってた」

そう言ってアリサは、口の中の物をぺっと吐き出した。

テーブルの上に、歯が転がった。それは人間の前歯に見えた。

折れたのではなく、歯茎から引き抜かれたようなそれには、まだ赤い肉片がついている。

慌ててアリサの口の中を確かめたが、抜けた歯どころか血も出ていない。

K奈子さんはアリサに口をゆすがせると、テーブルの上の歯を生ゴミ入れに放り込んだ。


それからしばらく経ったある晩。

保育園から車で家に向かっていると、チャイルドシートのアリサがコンビニ袋の中に入っていたお菓子を見つけた。それは箱に入ったボール状のチョコ菓子。

「ねぇ、食べてもいい?」

答えを聞くまでもなく、アリサは箱のセロファンを剥がし、何粒かのチョコを手のひらに出すと口の中に放り込んだ。

突然、車の横合いから、すごい勢いでバイクが飛び出した。

——キュキュキュキュキュキュー——ッ！

慌てて急ブレーキを踏んで車を停める。バイクはK奈子さんの車すれすれのところをかすめると、逃げるように走り去っていった。

「あーーービックリした。アリサ、大丈夫？」

振り返ると、アリサが眉間に皺を寄せながら、ぺっと何かを吐いた。

「ママ、また入ってた……」

座席の足元には、食べかけのチョコに交じって、人の歯が一本、落ちていた。


日曜日、何もせず部屋でごろごろしている夫のサトシに、K奈子さんは風呂の掃除を頼んだ。サトシは面倒臭そうに起き上がると、風呂場へと入っていく。

しばらくすると、昼食の準備をしていたK奈子さんのもとに、サトシさんが血相を変えてやってくる。

「おい！　ちょっと来い！」

サトシはK奈子さんの手を引くと、風呂場へと向かう。どうせ、大きな虫が出たとか、排水溝に髪の毛が詰まっているとかいうことだろうと思っていると、サトシは風呂の蓋の上を指さして、

「なんのつもりだ、これは？」

明らかに怒った口調で言う。

そこには、無造作に置かれた人間の歯が何本もある。

たった今抜かれたかのような歯は、血にまみれ、蓋の上に血だまりを作っている。

「俺に対する当てつけなら、よしてくれ！」

「当てつけって、なんの？」

K奈子さんが訊き返すと「それは……」と言いかけたまま、サトシは口をつぐんだ。

「最近、こんなことばっかりで、逆に私たちが訊きたいくらいよ」

K奈子さんの言葉に、サトシが怪訝そうな顔をする。

「あなたが帰って来てから変なことばかり。単身赴任中に、何か恨まれることでもしたんじゃない？」

何気なく付け加えて放った言葉に、サトシの頬が微かに引きつった。

それを見てK奈子さんは、夫が単身赴任中に浮気をしたのだと思ったそうだ。

こっちこっち

当時、東京郊外の消防署で、救急隊員をしていたMさんの話。

ある日、いつものように一一九番に救急要請の電話が入った。司令センターからの連絡ではマンションの部屋で女性が倒れたとのこと。

Mさんたちは、すぐに救急車を飛ばすと、マンションへと向かった。

マンションの前に着くと、救急車を見つけた若い女性が、ロビーの奥から前で手を振りながら飛び出してきた。

「はやく、はやく!」

Mさんと同僚が車から降りるやいなや、女性はふたりを部屋へと導いていく。

「こっちです、こっち、こっち……」

六階に上がり、女性のあとをついて行く。女性は、小走りで廊下を進むと、突き当たりにあるドアを開けふたりを手招いた。

「この部屋です! 奥の部屋で倒れてます」

Mさんたちが飛び込むと、リビングで女性がうつぶせになって倒れている。

手には携帯電話が一一九番した状態のまま握られている。

「……大丈夫ですか？」

女性を抱き起こした途端、Mさんは息を呑んだ。

それは、ここまで自分たちを案内してくれた女性と同じ顔。

一瞬、双子の姉妹かと思ったが、よく見れば着ている服までまったく同じ。一緒に上がってきた同僚もそれに気づいたらしく、驚いた顔をしている。

ふたりで、あたりを見渡したが、誘導してくれた女性の姿はどこにもなかった。

幸い病院に運ばれた女性は、手当が早かったこともあって一命を取り留めた。

後日、確認したところ、彼女に姉妹はいないとのことだった。

白い人

Tさんの家の裏山には、小さな祠がある。

いつ誰が建てたものかはわからないが、彼のおばあさんは毎日そこに行っては、お参りを欠かさなかった。

「明日あたり、村で誰か死ぬけぇ、準備せにゃいかん」

時々、裏山から戻ると祖母はそう言った。その度、母親たちは、子供の前で縁起の悪いことを言わないで欲しいと頼んだが、いつも祖母の言ったとおりに死人は出た。

ある日、祖母から裏山に行こうと誘われた。

草に覆われた細い一本道を、祖母と手を繋いで、二十分ほど登って行くと、木々の間から祠の赤い屋根が見えた。

祠といっても、両手で抱えられるほどの小さく古いもので、子供だったTさんでも、ずいぶんと傷んでいるのがわかった。

祖母は、そこに持ってきた花と水をあげると、皺《しわ》まみれになった手を合わせた。

「わしが、来られんようになったら、T坊が代わりに来てくれよ」

それから時々、祖母とTさんは、一緒に祠へお参りに行くようになった。

ある雨の日。

いつものように、ふたりで祠に向かっていると、辺りの様子が違っていることに気がついた。

山は驚くほど静かで、雨が葉を打つ音すら聞こえない。

「ばあちゃん、怖い……」

Tさんは、思わず祖母の着物の袖にしがみついた。

「そっか、来なさるか……」

そう言うと、祖母は歩くのを止めた。そして、道から外れると側にある大樹の陰に身を潜めた。

しばらくすると、道の向こうにいくつもの白い人影が見えた。

顔立ちも着ているものすらわからない。それはただ真っ白で人の形をしたもの。

それが一列に並んで、ゆっくりとこちらへ向かって歩いてくる。

「ばあちゃん、あれなに？」

「……白人様《しらひとさま》さ。通り過ぎるまでジッとしてろ」

そう言って祖母は、Tさんのことをかばうように抱き寄せた。

やがて白い影の一団は、ふたりの横を通り過ぎると、そのまま村の方へ下っていった。

影が見えなくなると、それまで聞こえなかった雨の音が一斉に鳴り始めた。

「白人様が山を下りたなら、明日あたり誰か死ぬな……」

祖母の言うとおり、翌朝、村の男の子が池でおぼれて死んだ。


Tさんが、祖母と白い人を見てから、数年が経った。

中学生になってからも時々、あの祠へお参りに行くことはあったが、Tさんが白い人を見ることはあれ以来、一度もなかった。


ある日、学校から帰ると今朝まで元気だった祖母が、布団の上に寝ている。

昼間、畑仕事をしている最中に、突然倒れたのだと母親が言った。

「なさけない……寝込んでしもた。T坊、悪いけど、明日からわしの代わりに、祠に行ってくれんか？」

中学校に上がって、朝夕の部活があるTさんにとって、毎日のお参りは面倒でしかなかった。しかし、あまりにも弱々しい祖母の姿を見ては、断る訳にはいかない。

翌日から、Tさんは学校へ行く前に、お参りするようになった。

一月《ひと》が過ぎ、二月《ふた》が過ぎても、祖母の具合は一向に良くはならなかった。

お参りを始めて、三月目《み》を迎えた頃だった。

いつものように、裏山の一本道をTさんは祠に向かって歩いていた。

木々の間では、今を盛りとばかりに蝉《せみ》の啼き声がこだましている。

(らぇっ、朝っぱらから、ずいぶんうるさいなぁ……)

足を止め、ぐいっと額の汗をぬぐった時だった。

あれだけ啼いていた蝉の声がぴたりと止むと、山の中に静寂が広がった。驚いて辺りを見回すTさんの腕に、鳥肌が立つ。

(これ……って、まさか……)

山道の上の方を見ると、白い人影が一団になって下りてくるのが見えた。

昔見たのと同じ、顔や着ているものはまったくわからない。

ただ白い人の形をした影が、こちらへ向かってくる。

(ばあちゃんが死んじゃうっ!)

Tさんは、踵を返すと大急ぎで山道を駆け下りた。

家に戻るなり、Tさんは祖母の部屋に飛び込んだ。

上がる息を抑えると、布団の前に座り、生きているかと祖母の顔を覗き込んだ。

それに気づいた祖母が、ゆっくりと目を開ける。

「……どうした、T坊、そんな顔して？」

心配そうな顔で、Tさんを見上げている。

「なんでもね……」

Tさんは、ぐっと口を結んだ。もし今、白い人のことを話してしまうと、祖母がそのまま連れて行かれるような……。Tさんには、そんな気がした。

しかし、そんなTさんの様子を見た祖母は、

「そっか……おまえ、白人様を見たんじゃな……」

その言葉を聞いた途端、Tさんがそれまで堪えていた涙を、ボロボロとこぼした。

「T坊……おまえは、ばあちゃん想いの良い子だな……」

祖母はそれだけ言うと、静かに目を閉じた。


翌朝、母親が起こしに行くと、祖母は布団の中で冷たくなっていた。

なじょすっぺ

十年前の東日本大震災で、K子さんの住んでいた気仙沼は津波によって、ほとんどすべての家が流されてしまった。

職場で被災した彼女は難を逃れたが、実家は流され両親の行方もわからなくなってしまった。そのため職場の仮眠室に寝泊りしながら、時間が許す限り自宅跡や避難所を回っては、両親を探していたが、行方はようとしてわからなかった。

そして一月《ひと》が経ち、四月に入った頃のことだった。

夜、仮眠室で寝ていると、布団の周りを誰かが走り回っている。

――バタバタバタ……バタバタバタ
初めは店長が様子を見に来たのかと、足音がするたびに起き上がっていたのだが、なぜか起きると足音は途切れてしまう。灯りをつけて辺りを見回しても、当然誰かがいるはずもない。

そんなことが何回も続くので、気になったK子さんは店長や仲間のスタッフに尋ねてみたが、誰も仮眠室には入っていないし、今までそんな音を聞いたこともないという。

何の音だろうと思いながらも、震災以来、毎日が慌ただしく疲れていたこともあり、それ以上気にすることはなかった。

その日の夜も仮眠室の布団に横たわり、うとうとしていると例の足音が聞こえ始めた。
――バタバタバタ……バタバタバタ
(まただ……放っておいて早く寝てしまおう)
寝返りを打ち、掛け布団の中に頭を突っ込もうとした時だった。
『なじょすっぺ……K子ぉ、なじょすっぺ』
それは行方不明の父親の声だった。
『なじょすっぺ……なじょすっぺ……家もタンスもなんもかんも流されちまった……』
今度は母親の声が聞こえた。
「父ちゃん、母ちゃん!」
慌てて布団から飛び起きるが、仮眠室の中は真っ暗でふたりの姿は見えない。
『……なじょすっぺ……なじょすっぺ』
ふたりの声は部屋の中を、バタバタという足音とともにぐるぐる回っている。
(そうか。ふたりはいつも私のことを心配して、きてくれていたんだ)

K子さんの目にはいつしか涙が溢れていた。
「わがった！　おらがまた、家さ建ててやっがら　待っててけれ！」
暗闇に向かってK子さんが大きな声で誓うと、
『わがった、K子……』
暗闇からふたりの安心したような声が聞こえ、バタバタという足音も止まった。
暗闇にもう足音が聞こえることはなかった。

あれから十年、きっとK子さんは、今なお復興に頑張っている東北で、両親との約束を守ったに違いない。

島の旅館

T井くんが小学校低学年の頃の話。

当時、T井くんの父親は地質調査の会社に勤めていて、長期間の出張が多かった。そのため、普通の家族のように父親と出かけることは、あまりなかったそうだ。

小学二年生の夏休み。そんな父親が、珍しくT井くんを旅行に誘った。

「これからしばらく島へ調査に行くんだが、おまえも一緒に来るか？」

島への旅行も嬉しかったが、何よりも無口な父親から声をかけられたのが嬉しくて、T井くんはふたつ返事で父の調査についていくことにした。


夜の桟橋から大きなフェリーに乗り、父親とふたり、目的地の島に向かった。

船が目的地の島に着いたのは、翌朝の五時少し前。夏とはいえ、辺りはまだ薄暗い。

眠い目をこすりながら港に降りると、旅館の名前の入った法被《はっぴ》を羽織った人がちらほらと見える。

「明るくなるまで、もうひと眠りするぞ」

そう言って父親は、T井くんの手を引くと一軒の古びた旅館へと入っていった。

「またお世話になるよ」

「どうぞどうぞ。おや、今年はぼっちゃんもご一緒ですか。ではいつものところで」

そう言われて入ったのは、三十畳ほどある広い宴会場。奥には小さなステージがあり、そこに向かって細長い座卓が二列で並べられている。

「八時前には出かけるから、すぐに寝ろ」

父親は部屋の隅に積んであった座布団を何枚か並べ、その上で横になると寝息を立て始めた。そうは言われても、T井くんはフェリーでたっぷり睡眠を取って、無理やり起こされたばかりで、それほど眠くもない。

とりあえず、寝るかどうかはトイレに行ってから考えることにした。


トイレから宴会場に戻ると、父親は高いびきをかいている。

横にだけでもなっておこうと積んである座布団に手を伸ばすと、部屋の奥に、さっきまでいなかったふたり連れが座っている。

親子だろうか。四十歳くらいの男と、小学二、三年生くらいの女の子。

ふたりは、舞台袖近くの座卓に座っている。

——カシャ、カチャ……

女の子が白いどんぶりを抱え、おいしそうに何かを口の中に掻き込んでいる。

——カシャ、カチャ、カシャ……

（あーいいなあ……僕もおなかがすいたなぁ～）

ちらりと横を見ると、自分の父親は気持ちよさそうに寝ていて起きそうもない。

何を食べているのか気になって、T井くんは女の子をチラチラと見てしまう。

すると、男と目が合った。気まずくなって軽く会釈すると、男はすっと立ち上がりこちらにやって来て、

「ねぇ、今日は山の方に行くのかい？　実はおじさんたち、ここに来るのは初めてで、道がわからないんだ。だから一緒に行ってもらえないかな？」

急な頼みごとをされても、どう答えたらいいのかわからない。

「ごめんなさい。お父さんが寝ているから、わからないです」

「そっか。急にお願いしてごめんね」

そう言って、男は再び女の子の横に戻っていった。

——カシャ、カチャ……

女の子は、相変わらず白いどんぶりを抱え、一心不乱に何かを口に掻き込んでいる。

声をかけられたのに役に立てなかった気まずさから、T井くんは座布団に横になって寝たふりをすることにした。

「おい起きろ。出るぞ」

いつの間に眠ったのか、父親の声でT井くんは目を覚ました。

カーテンが開け放たれた宴会場の窓からは、まばゆいほどの光がさしている。

父親を見ると、出かける準備万端という状態。急かされてT井くんも慌てて出かける準備を始める。

準備をしながら、ふと部屋を見渡すと、すでに出かけてしまったのか、あのふたり連れの姿はない。座卓の上にはどんぶりと箸がぽつんと置かれている。

その時、女の子が何を食べていたのか無性に気になって、どんぶりの中身を覗きに行った。

「あれ？　なんだこれ？」

さっきまで使っていたはずのどんぶりには、うっすらと埃が積もって灰色に煤けている。

ちゃんと確かめようと、どんぶりに手を伸ばすと、

「もう行くぞ！　早く来い！」

父親の大きな声に呼ばれて、T井くんは宴会場を後にした。

翌年もT井くんは、父親の島の調査に同行した。

前の年と同じく、船は夜明け前に港に着き、向かったのは去年と同じ旅館。宴会場に入ると、相変わらず父親はT井くんに構うことなく、ひとり座布団を並べるとごろりと横になってしまう。

T井くんも寝る前のトイレを済ませて宴会場に戻ると、舞台袖の座卓に去年見たふたり連れが座っている。

去年と変わらず女の子はどんぶりを抱え、一心不乱に何かを口に掻き込んでいる。

(あ、あのおじさんたち、今年も来たんだ。あ……)

今年は親子連れの他に、三人連れの男が部屋の隅の方に座っている。友達同士の山歩きらしく、ナップサックを背負ったままビールの入ったコップを持って談笑している。

(あの人たちも同じ船に乗ってきたのかなぁ……)

そう思って眺めていたが、不思議なことに男三人が飲んでいるのに部屋は驚くほど静かだ。少し離れているせいもあるのだろうか。男たちの話し声や笑い声は聞こえず、女の子の箸のカチャカチャいう音だけが、部屋の中に響いている。

――ガラガラガラガラ

後ろで宴会場の戸が開くと、ハイキング姿の女性二人連れが入ってきた。

彼女たちは、座布団を一枚ずつ取ると、部屋の中ほどに腰を下ろし、おしゃべりを始めた。

（わぁ、今年はなんだか賑やかだなぁ……）

なんだか楽しい気分で眺めていると、女の子の横に座っていた男が立ち上がり、おしゃべりをしている女性客に近づく。

「すみません、今日は山の方に行かれますか？　実は私たち、ここに来るのは初めてなので、よろしければ、ご一緒できませんか？」

男は、去年自分に言ったのと同じことを話している。

「そうなの？　だったらかまいませんよ。私たちは二度目ですしね……」

その会話を不思議に思いながら聞いていたが、男が女の子の側に戻る様子を見届けると、T井くんは座布団の上で横になった。

「おい起きろ。出かけるぞ」

また父親の声でT井くんが目を覚ますと、宴会場はもうすっかり朝の様子。

辺りを見回すと、自分と父親以外に誰もいない。

（えー。もうみんな出て行っちゃったの？　早いな～）

父親にせかされ、準備に取りかかる。ところが、ふと気になって部屋の隅に目をやると、去年と同じようにテーブルの上にどんぶりが置かれていて、そばには男たちが飲んでいたビール瓶とコップが置かれている。

去年のことを思い出し、近寄ってみると、どんぶりはすっかり埃で覆われ黒ずみ、ビール瓶とコップにもうっすらと埃が積もっている。

どちらもかなり前に置かれたままで、誰も触っていないらしい。

おかしいと思って、それらを覗き込んでいると、

「シンジ！　もう行くぞ！」

後ろから父親の声が飛んできた。


山に向かう途中、T井くんは去年、今年と宴会場で見たことを父親に話した。

「お前……あの親子連れを見たのか？」

驚きの声を上げた父親は、彼の目をじっと見る。何か悪いことでも言ってしまったのかと恐る恐る頷くと、父親は彼の頭を優しく撫でながら、

を歩き回った。

「そっか。お前、一緒に行くって言わなくて偉かったな」

と微笑んだ。なぜ褒められたのかわからないまま。その日、T井くんは父親と一緒に山を歩き回った。

夕方、旅館に戻ると、玄関の前にはパトカーや人が集まっていて大騒ぎになっている。

旅館の主人がT井くん親子を見つけると。駆け寄ってきた。

「あぁ、良かった。ご無事でしたか……」

「ご無事で何よりです。実は山の噴火口の中に死体がふたつ見えるって連絡がありまして、まだ戻られていないお客様の安否を確認していたんです」

安心したように話す主人の言葉を聞いて、父親は、

「それがご主人、実はこの子が、今日来た女性客と例の親子連れが一緒に山へ行くって約束しているのを聞いたらしいんだ……」

それを聞いた主人は「本当ですか?」と尋ね、T井くんが頷くのを見ると大慌てで警察のもとへと走って行った。

翌朝、噴火口の中で見つかったのは、あの女性客たちだった。遺書らしいものもないこ

とから、転落による事故死とされた。

ずっと後になって父親から「あの大広間には何年も前に無理心中した親子連れがいてな、死んだ今も道連れを探しているんだよ。昔お父さんも一度、娘の父親に『一緒に行きませんか?』って声をかけられたことがあってな……」と聞かされた。

毎年増えていく宴会場の客――。

T井くんは、もしかしたらあれは、親子に連れて行かれた被害者たちだったのかも知れないと思っている。

獄の墓

友人の月夜野夜香さんが、子供の頃通っていた小学校の周りを調べ始めたのは二〇〇三年のことだった。たまたま図書館で見つけた古地図に「獄の墓」という三文字を見つけたのがそのきっかけだった。

地図を見る限り「獄の墓」は、小学校のそばにあるらしい。ところが小学校の周りにはそれらしきものはなく、辺り一帯は新興住宅地になっている。加えて寺のようなものも見当たらない。

小学校の敷地は、旧街道沿いに建てられており、近くにあった処刑場では遺体を見せしめに並べていたという記録がある。そのせいなのか以前から、幽霊の噂は絶えなかったし、彼自身も何度か信じられないものを見たことがある。

それは彼が小学五年生の頃。

終業後、学校のグラウンドでひとり遊んでいると、校舎の一階廊下の窓に金色の長い髪をした少女が立っているのに気がついた。今から四十年以上前のこと、その頃は金髪が珍しかったので思わずその方向を振り向いたのだという。

少女の年齢は、自分とあまり変わらないように見える。その幼い顔半分が、一列に並んだ廊下の窓から覗いている。

(わぁ、すごい！　あれって外国人かな？)

月夜野さんは、その少女から目が離せず釘付けになった。

とその時、廊下の左端に見えた少女は、右に向かってゆっくりと歩き出した。やがて徐々にスピードを上げると、少女はものすごい勢いで廊下を走り始めた。スピードがどんどんと上がり、長い後ろ髪が後ろになびいていく。月夜野さんは奇妙な違和感を感じた。

勢いよく走っているはずの少女の頭が、まるで台車に乗って移動しているかのように、まったく上下にブレないのだ。

スピードは更に上がる、窓から見えていた頭は金色の塊になると廊下の突き当たりに向かってそのままの勢いで突っ込んでいく。

(危ない、ぶつかるー！)

そう思った目の前で、その塊は突き当たりの壁に吸い込まれるようにして消えたという。

月夜野さんが「獄の墓」の調査を始めて、間もない頃のことだった。

小学校の沿革を詳しく調べようと、実家に置きっぱなしになっていた小学校の卒業アルバムを、仕事帰りに自宅アパートへ持ち帰った。

アルバムをダイニングテーブルの上に置き、風呂に入っていると、外から娘の泣き声がする。風呂から上がるとキッチンで、妻が三歳の娘を抱きかかえながら、

「なんでかわからないんだけど、この子、アルバムが怖いって泣き出しちゃって……」

と弱った顔をしている。ふとダイニングテーブルを見ると、アルバムには娘から見えないようにタオルが被せられていた。

その夜、持ち帰った卒業アルバムを眺めていると、奇妙な写真を見つけた。

それは卒業生が部活動ごとに撮影した、集合写真の中の一枚。

〝バドミントン部〟と部名が書かれた写真には、四人の卒業生がサッカーゴールを背景に仲良く並んで写っている。ところがよく見ると、写真中央のサッカーゴールの中に小さく五人目の顔が写っている。

坊主頭の男の子の頭が、ゴールの中で浮いて笑っている。最初は、偶然後ろに写り込んだ顔が、そう見えるのかと思った。しかし虫眼鏡で確かめてみても、見えるのは頭だけでその下の胴体の姿は見当たらない。第一、サッカーゴールと比べると頭だけで一メートルほどの大きさがある。

「ねえ、それも変だと思わない？」

横から覗き込んでいた妻が、学校の創設時に撮られた、教職員の集合写真を指さした。それは明治時代の古い写真で、グラウンドに並んだ八人の教職員が写っている。後ろに写る校舎の位置からして、バドミントン部の写真とほぼ同じ場所のようだ。

写真は周囲に向かってだんだんと暗くなっており、当時のレンズの集光率の問題か、写真のふちに至っては真っ黒くなってしまっている。

ところが右端には異常なまで大きな黒いシミが画面を覆っている。

「このシミ、なんだろう？」

顔をアルバムから離してみると、そのシミは写真いっぱいに写り込んだ男の顔になった。

翌日、月夜野さんはアルバムを実家に戻した。


そんな頃、私は月夜野さんと再会した。二人の関係は高校の先輩と後輩であり、高校時代に心霊スポット巡りという悪い遊びを教えてくれたのは、この月夜野さんであった。同じ生徒会ということもあり、夜遅くまで一緒に学校で準備をしたり、場合によっては彼の実家に泊まり込んだこともあった。面倒見の良い先輩であり、非常に頼りがいもあった。ところが当時は今と違い、ＳＮＳなどがなかったため、卒業して自宅を離れてしまうと、会うことも連絡を取ることもほとんどしなくなる。

高校卒業以来十数年間、お互いの行方を知らぬまま年月が流れていた。そんな折、怪談サイトを私が開いたことで、それを見た月夜野さんから連絡が来た。

「よく僕だってわかりましたね」

「それりゃペンネームが昔から変わってないからな」

すぐに昔のように意気投合し、旧交を温めた。

当時、私が出演をしていた怪談イベントを見に来てくれたり、怪談のオフ会に誘ってくれたりして、色々な人を紹介してくれた。

「今度、年末にやる怪談イベントに出てみませんか?」

恐る恐る私は月夜野さんを誘った。彼は二つ返事で快諾すると、

「昔話した小学校のそばに、どうやら〝獄の墓〟というのがあるんだよ。今それを調べているんで、その報告をさせてくれ」

と話した。

翌週、新宿で行われた怪談イベントの終わりに、月夜野さんを壇上に呼び込み、その場を埋め尽くした来場客に向け、見つけた古地図とともに次回「獄の墓」についての調査報告をすると発表した。

ところが十月の後半、突然、月夜野さんから携帯電話が鳴らされた。

「悪いんだけど、今から披露するネタを変えてもいいかな？」

突然の申し出に少し驚きつつ、

「構いませんけど、何かありましたか？」

私がそう尋ねると、月夜野さんは渋々と重い口を開いた。


月夜野さんの家には、妻と、当時六歳の長男と三歳になったばかりの長女がいた。

二人とも元気いっぱいで、毎日両親にその日あったことを話していた。

娘は絵を描くのが特に好きで、スケッチブックとクレヨンさえ与えておけば、放っておいてもおとなしくしてくれる。特に花や家族の似顔絵を書くのが大好きだった。

ところが、あのアルバムの一件以来、長女は黒い丸ばかりをスケッチブックに描くようになった。幼い手に黒いクレヨンを握ると、スケッチブックいっぱいにぐりぐりと黒い丸をいくつも描いていく。

「ねぇ、その黒い丸はなんなの？」

妻が尋ねると長女は「……ぶどう」と答えたという。

そんなある日、久しぶりに家族四人で近くのレストランへ出かけることにした。

駐車場に車を停め、窓際のボックス席で料理を食べていると、不意に長女が窓の外を凝視したまま動かなくなった。

どうやら駐車場に停めてある自分たちの車を、じっと眺めている。

「どうしたの？　車になにかある？」

横に座っていた妻がすかさず長女に問いかけた。

「……ぶどう」

「ぶどうって？　果物のぶどうのこと？」

「……」

長女がいくら果物好きでも、駐車場にぶどうが見えるはずはない。おそらく何かを見間違えたのだろう。

「帰ったらぶどうを食べようね」

妻が諭した時だった。

「本当だ！　ぶどうだ！」

月夜野さんの横に座っていた長男が、窓の方に身を乗り出すと叫んだ。驚いて月夜野さんと妻が駐車場の方を振り返るが、当然そんなものは見えない。

しかし隣では息子と娘が揃って「ぶどう、ぶどう」と声を上げている。

「いいから黙って食べなさい」

月夜野さんの一言でその場はおしまいとなった。

食事を終え店を出ると、駐車場の車を確かめたが、ぶどうもぶどうのようなモノもどこにも見当たらなかった。

それから数日後、月夜野さんが仕事を終えアパートに戻ると、書斎として使っている部屋に長男が潜り込んで、机のものを床の上に散らかしている。それは調査していた『獄の墓』の資料だった。ほとんどが処刑場に関する内容のため、幼い子供には見せたくない残酷な絵や写真が多く載っている。

そのため簡単には目に触れないよう机の奥に隠し、鍵をかけておいたのだが、その日はうっかり鍵をかけるのを忘れてしまったらしい。

「こらこら、これはパパの大事な本だから触っちゃだめだよ！」

そう言って月夜野さんは長男を抱きかかえ、部屋から出そうとした。しかし長男は一冊の本を掴んだまま足をばたつかせる。

「パパ、パパ……」

息子を見ると、本の間に挟まっていた一枚の絵葉書をこちらに見せている。

「はらパパ、ぶどう、これがあの時のぶどうだよ」

「ぶどう?」

月夜野さんは息子を床に下ろすと、絵葉書を受け取って、まじまじと眺めた。

それは明治期に撮られた一枚の絵葉書。当時は外国人向けの、日本の風俗を撮影した絵葉書が人気だった。そこには芸者や荷車を引く男、金魚売りや行商人など日本独特の人たちが、ありのままの姿で写っていた。

絵葉書はそんな中の一枚で、画面左にはふんどし姿の中年男性が長い棒を持って写っている。後ろには看板のかかった門が見え、そこには『晒場《さらしば》』という文字が見える。男の右手には大きな平台がおかれ、その上には黒く丸い塊《かたまり》が手前から逆三角形に六つ並べられている。

(この黒いのはなんだ?)と目を近づけてみるとそれは、斬首された首を並べたものだった。

「これが窓の外や車の上にいる、ぶどうだよ」

そう言い残すと長男は、部屋から飛び出していった。


「……ということで、息子や娘にまで影響が出ちゃってなぁ。だからしばらく調査は休もうと思うんだ」

電話口で、心なしか月夜野さんの声は震えていた。

「わかりました」

私にはそれしか答えられなかった。


そして怪談イベントの前々日の夜。また月夜野さんから電話が鳴った。

「夜分にごめんな。イベントだけど明後日、夜の二十四時からでいいんだよな」

「はいそうです、それで代わりの話は決まりましたか?」

私がそう答えると、

「ああ、変更なしで〝獄の墓〟で行こうと思うんだ」

「えっ! でも息子さんと娘さんへの影響は……」

驚いて私は尋ねた。あれだけ怖がっていた子供への影響のため、当然違う話を用意するものとばかり思っていた。すると月夜野さんは、

「一時はそう思ったんだけどな、地図をよく照らし合わせたら、場所がわかったんだよ」

「〝獄の墓〟の場所ですか! それはどこなんですか?」

予想外の答えに興奮した私が尋ねると、海田さんは少し勝ち誇ったように、

「お前の知っている場所だよ。まぁ詳しい話は、明後日会った時に話すから、それまで楽しみにしていろよ」

そう言うと電話を切った。

「獄の墓」の場所がわかった、私は明後日の夜がすごく待ち遠しかった。

翌日、私は仕事のため神奈川県と山梨県の県境に車で向かっていた。道中、胸ポケットに入れていた携帯電話が鳴動を繰り返した。液晶を見ると、月夜野さんの名前が表示されている。

すぐに車を路肩に停め、電話に出ると、それは月夜野さんの奥さんからの電話だった。

「どうしましたか?」

嫌な予感がして尋ねると、

「実は今朝、夫が倒れまして、今病院なんです。それで、当人があなたに話すことがあるから、来てほしいと言っているんです」

と答えた。

しかし、今は仕事に向かっている最中で、場合によってはそのまま泊まらなければならない。どうしたものかと思案したが「今日は仕事で東京に居ないので、住所だけ教えていただければ明日の早い時間に伺います」と答え、電話を切った。

翌朝、東京に向かう途中、月夜野さんの携帯電話に連絡を入れると、奥さんが電話口に出た。

今から昨日教えてもらった病院へ向かうと伝えると、もうそこにはいないと答えた。

「退院されたんですか？」

　私が尋ねると、

「今、葬斎場の方に安置しているんです。あの後しばらくして亡くなったんですよ」

と答えた。

　取るものも取らず急いで葬斎場へ向かうと、棺に納められた月夜野さんの姿があった。訪れる弔問客に気丈に対応する奥さんの姿と、その隣で何が起きたのかまだ理解できずにはしゃぎ回る息子と娘の姿――思わず涙がこぼれた。

　すぐに家に戻ると、通夜の準備を整えて斎場へと戻った。会場には、いたこ28号さんも出席していて、一緒に別れを惜しんだ。

「検査室に運ばれる前『伝えたいことがあるから、西浦和也を呼んで欲しい……』と言ったのが最期の言葉でした――あの人、調べちゃいけないものを調べていたんですよね」

　夜の席で、奥さんが私に話した。

「明日の告別式に来ていただけますか？　お渡ししたいものがあるので……」

　通夜が終わると私はその足で、新宿の怪談イベントへと向かった。

「獄の墓」を目当てに集まってくれた多くの来場者の前で、月夜野さんが亡くなったことを報告すると、全員で黙祷《もくとう》を捧げた。

翌朝イベントが終わると、私は再びその足で告別式の行われる斎場へと向かった。

会場では読経が流れ、訪れた人たちが親族に向かって頭を下げ焼香を済ませていく。私の焼香の番になり頭を下げると、昨日まで元気だった長男の目には涙が溢れていた。

その後、火葬場へと運ばれ荼毘に付された。私はいたたまれなくなり、お骨あげを待つことなくその場を後にしようとした。すると後ろから、

「今日はお越しいただき、ありがとうございます。昨日お話ししたことなんですが、これを受け取っていただけますか？」

差し出されたのは大きな紙袋だった。袋の口からは、たくさんの本や書類が覗いている。

「これ、あの人の資料なんですけど、子供たちに何かあったらと思うと……」

月夜野さんの奥さんがそう言って袋を私に手渡した。

それは電話で月夜野さんから聞いていた「獄の墓」に関連する資料に違いなかった。

一瞬躊躇したが、私はそれを受け取ることしかできなかった。

斎場を後にした私は、その足で借りていたレンタル倉庫へ向かうと、そこにもらった紙袋を突っ込み、鍵を閉めた。

獄の記憶

月夜野さんの資料を預かってから六年ほど過ぎた、二〇一〇年のこと。

彼の生前、資料を見せてもらった覚えがあるが、それはまだ鮮明に覚えていた。「獄の墓」と書かれた古地図は、何回か見せてもらったし、新宿の怪談イベントでは、亡くなる前の会に予告として、二百人の観客の前で披露もした。

しかしそれらは、私の倉庫の中に置かれたままだった。

サイト管理のパスワードなどが書かれた書類やデータの一部だけは家に持ち帰り、家族の代わりに解約や削除の手続きをした。

手続きの終わった書類は袋に詰め、家のクローゼットの奥にしまい込んだ。

月夜野さんのことをいつまでも引きずっているわけにもいかない、という気持ちがそうさせたのか、忌み物から少しでも目をそらせたいと思ったのか、今でははっきり覚えていない。

ところが荷物の整理のためクローゼットを開けてみると、確かに仕舞いこんだはずの資料が、見当たらないことに気づいた。

狭い室内を探してみても、袋に入れたはずの資料は一枚も見つからなかった。

それからしばらくして、レンタル倉庫へ荷物を取りに行くことになった。

行くのは二年ぶりで、何が入れてあったか忘れてしまうくらい久しぶりだ。

到着するとすぐに目的の荷物を探すため、倉庫の奥に積まれている段ボール箱を片っ端から開け始めた。

何個目かの段ボールを開けた時だった。横に立てかけてあった袋が倒れると、そこからは、「獄の墓」と付箋を貼ったあの紙袋が現れた。見ると袋の中には、見覚えのある書類と埃よけのように載せられた綺麗な週刊誌が入っている。

(なんでこんなところに書類が?)

手を伸ばして、書類を取り出すと、そこには自分が書いたメモ書きが残っている。それは紛れもなく、家に持ち帰った書類だった。

気になって置いてあった雑誌を見てみると、内容が妙に新しい。日付を確かめると、そこにはひと月前の「二〇一〇年五月号」と書かれていた。

どうしてクローゼットに仕舞ってあった「獄の墓」の資料が、離れたレンタル倉庫の袋の中から見つかったのか、心当たりが見つからぬまま、私はそれら資料を家に持ち帰った。

資料の一部は見ているが、紙袋の中の大半の資料は一度も開けたことがない。

袋に手を入れ、黒いバインダーを取り出し確かめた。開くと挟まれたノートのページには几帳面な月夜野さんらしい書き込みが並んでいる。正確できちんとした分析が、資料のコピーとともに、調べた日付ごとに並んでいる。

続いて手に取ったのは分厚い写真集。その間には、以前息子さんと娘さんが「ぶどう」と呼んだ生首の絵葉書が挟んである。

そして、「獄の墓」が書かれた古地図。他にも書籍や心霊に関するカセットテープなど、種類ごとに並べていくだけで部屋の床が埋まるほどのボリュームがある。

これまで避けてきた資料を目の前にして、どのように扱うべきなのかとあれこれ思案していると、紙袋の底に何かが残っているのに気がついた。

出してみると、それは袱紗《ふくさ》で丁寧に包まれた神社の御札。表面には悪霊退散と書いてある。ところが大切にしまってあったはずの御札は、無残にも三つにちぎれ、表面はいたるところが茶色の焦げに覆われていた。

私は御札をうやうやしくテーブルの上に置くと、バインダーの中の「獄の墓」に関する記述をチェックすることにした。

ファイル分けされ、それぞれステイプラーで留められた資料が透明なフォルダーに入れられている。多くは感熱紙に出力されたもので、調べていた当時のことを思い出させる。資料のひとつを取り出して、パラパラめくると、そこには「獄の墓」周辺の刑場や仕置き場について事細かに記されている。おそらく添付された資料を見ると、どこかの本からの引用だろう。

ところが、書かれている内容では、刑場などについては詳しく調べてあるが、肝心の「獄の墓」については書かれていない。

パラパラと斜め読みをしながら資料をめくっていると、留めてあった資料が、突然バラバラになって手のひらから床へ舞い落ちた。

（おっと、いけない）

慌てて床に散らばった資料を拾い上げると、それらの紙は手のひらの上でボロボロと崩れ落ちた。

翌日昼、再び資料の入ったバインダーを開いてみると、中の紙がほとんど真っ黒になって、文字が読めなくなっている。これでは「獄の墓」の調査は出来なくなってしまう。

困っていると、以前月夜野さんとメールでやり取りをしていた時、いくつかの資料を送ってもらっていたことを思い出した。

(もしかしたら、読めなくなってしまった資料と、同じものかもしれない)

慌ててパソコンデスクの引き出しを開くと、保管してあるMOディスクのラベルを片っ端から見直してゆく。「2005年保存」と書かれたディスクを見つけ取り出すと、それをパソコンに接続してあるMOドライブに入れる。

キュィーンと小さなモーター音がすると、保存してあったデータが呼び出され、当時のメールが復元されていく。

と突然、予告もなくパソコンの電源がパツンと落ち、モニターが真っ暗になった。

慌ててパソコンをブートし直し、転送中だったデータをチェックしたが、フォルダーが壊れていて中のデータを読み出すことができない。

仕方ないので、パソコンを再再起動し、もう一度データを読み込ませたが、今度はMOドライブ動かなくなり、データを読み込むことも書き込むこともできなくなってしまった。

結局、保存していたデータも使えなくなり、バインダーに保存してあった紙資料も読めなくなってしまった。

偶然とはいえ、何かの力がこれ以上の調査を拒んだのだろうかと思うと、怖くもあり少しはっとした気持ちになった。

その秋のこと、ビデオ版「北野誠のおまえら行くな。」のロケから戻ってみると、家を空けていた期間のメールが、すべて受信できず消えてしまうというトラブルに見舞われた。当時はスマホがなかったため、仕事用のメールはもっぱらパソコンメールであった。また、今ほどネット環境が充実していなかったので、ロケ中のメールは帰宅してから確かめるという状況であった。故にメールがすべて消えてしまうのは、非常に困った事態であった。必死になってパソコンと格闘したが、五日間分のメールは復旧できなかった。ところが、よく確認してみるとその期間、メールを一通だけ受信しているのがわかった。それは亡くなった月夜野さんからのメールで、日付は亡くなる数ヶ月前のものだった。

――西浦和也！　久しぶりに今度の十二月は、二人で忘年会をしような！

これは彼に呼ばれているのだろうか？　それともいつかどこかで、再び出会えるという暗示なのだろうか？　まだ結論は出ていない。

獄の墓　後日談

月夜野さんが亡くなってから、十年ほど過ぎたある日のこと。イベントで知り合った関西の知人Aから「獄の墓の話聞かせていただきました。あれってどこなんですか？」とメールをもらった。

災いがあってはならないからと、その都度断っていたが、何度目かの時、しつこさに負けてついその場所を彼に教えた。

とはいえ、地名を教えたところで土地勘のない関西の知人のこと。心配することはないだろうと考えていた。

実際Aも聞かされたところで、ピンとこない様子で「へー」とか「なるほど」を繰り返すばかりだった。

そして、それを最後に二年近く彼からの連絡は途絶えた。

私もすっかり、そんなことを忘れバタバタと忙しい日常を送っていた。

そんな時、久しぶりにAから、東京へ行くので、どこか喫茶店でお茶でもしませんか？

という連絡をもらった。

当日、店に行ってみるとそこには、げっそり痩せたAがいた。小太りだった以前の様子は見られず、心なしか肩で息をしている。

「どうしたんですか？　体の調子でも悪くしたんですか？」

驚いて尋ねると、

「西浦和也さん、二年ほど前、獄の墓の場所を教えてくれましたよね。あれ、知ったらいけない場所です」

と真剣な面持ちで私に言う。

「実は僕の友達に、こっち出身の奴がいましてね。墓の場所を教えたら、なんとなくわかるって言うんで、実は二年前そいつと一緒に東京に来たんです」

意外な展開に、注文もそこそこに私はAの話に耳を傾けた。

「で、獄の墓へ行ってきたんです。話の通りの場所にあるんだなーって、二人で感心したり怖がったり……」

その後二人は東京見物をすると、昼間の新幹線で新大阪へと向かった。車内では友人と二人、撮影してきた東京の名所や「獄の墓」の写真で大いに盛り上がったという。

「夕方の四時頃、大阪に着いて、そこで友人と別れたんです」

Aは用事があり、難波の方まで少し足を伸ばした後、自宅のアパートへ戻ったという。

翌朝目を覚ますと、携帯電話に友人の自宅からの着信があったことを発見した。

電話をかけてみると、出たのは友人の妻で「うちの主人がまだ帰ってきていないんですけど、昨日はどこで別れましたか?」と心配そうに聞いてきた。

夕方四時ぐらいだと答えるが、本当かと何度も念を押される。どうやら友人の携帯電話に何度連絡をしても、呼び出し音は鳴るものの繋がらないのだそうだ。

結局相談して、警察に捜索願を出すことにした。


二日後、人通りのない公園の一角で、友人の首吊り死体が見つかった。

遺書がないため警察で調べたが、特に外傷も争った跡もないため、自殺として処理された。

死亡時間はあの日、新大阪駅で別れた一時間後のことだった。

「本当に自殺する兆候なんか、微塵もなかったんですよ」

そう言ってAは、自殺と断定した警官に食らいついたが、取り合ってはくれなかったという。

友人の死から三ヶ月ほど過ぎたある日、Aは胃の不調を覚え近所の病院で検査をしてもらった。健康診断からそれほど経っていなかったので、大したことはないだろうとタカをくくっていたが、伝えられた診断結果はステージ3の胃癌だった。

すぐに入院し手術を受けたが、ほとんど切除してしまった胃と抗がん剤の副作用のせいで、げっそりと瘦せてしまった。

担当した医者は「健康診断で見つからなかった癌が、こんなに短期で悪性化するのはありえない」としきりに頭をひねっていたという。

「獄の墓、尋ねられてもどこにあるか人に伝えないでくださいね」

真剣な目でAは私に訴えた。その半年後、再発した癌でAはこの世を去った。


そして昨年、ＴｗｉｔｔｅｒにYさんという方からメッセージをもらった。彼も同じく「獄の墓」について、色々調べているという。

ネットでは、いつしか掲示板やサイトが作られ、東京・板橋駅やさいたま新都心駅あたりが怪しいと書かれている。

しかしYさんが送ってきた「獄の墓」の位置はそれらと異なり、かなり近い場所を示していた。尋ねると、図書館や地図の持ち主にあたっているのだという。

事実、私の知らなかったことも数多く、彼のメッセージを見るだけで、「獄の墓」の裏付けが確かなものとなっていく。

だが、調査はだんだんと精度を増していき、実際の墓の場所にだんだんと近づいていく。

Aのことを私はYさんに伝え「これ以上の調査は、安全を保証できないので、やめたほうがいい」と話した。

「大丈夫です、わかってますから」

Yさんから帰ってきたのは意外な言葉だった。繰り返し私は止めるようにと伝えた。するとメッセージに写真が添付して送られてきた。

拡大して写真を見てみるとそれは、病院の診断書だった。

そこには心筋梗塞で入院したと書かれている。

「調べ始めたら急に調子が悪くなって、死にかけたんです」

Yさんがいう。

診断書をさらに拡大して見ると、倒れて入院した日付が、月夜野さんの命日と同じ日付になっている。

「だからわかってるんです」

Yさんはそう答えた。

結局、彼を説得することもできず、私はこれ以上の報告と、質問をしないでほしいと伝え、「獄の墓」についてのやり取りをやめてもらうことにした。

あのまま続けていたら、いずれ辿り着いていたのかもしれないと思うと、何が起きるか恐ろしかった。


二〇二一年一月、疎遠だった以前の会社の後輩から、久しぶりに連絡をもらった。

「今やっている事業を手伝ってほしい」との内容で、色々考えた挙句、その仕事の一部を手伝うことになった。早速顔合わせをしたいので、事業所の方に来てほしいと住所をもらい伺うと、そこは道路を挟んだ向かいが「獄の墓」のあるエリアだった。

これまでも、呼ばれて行く場所や、職場や学校の隣がかつて怖い目に遭った建物や施設の向かいや隣だったことは少なくない。

しかし、今回の場所ほど怖いと思ったことはない。

引きが強いのか、呼ばれているのか？

この話の終わりは、まだまだ見えそうにない。

初出一覧

蔵の人たち	書き下ろし
正直に言うからだ	書き下ろし
待ち人来たらず	書き下ろし
闇で叫ぶ声	書き下ろし
夢の話	書き下ろし
執着	書き下ろし
朱いマニキュア	百鬼蒐集録　虚空に向かって猫が啼く
真夜中の客	百鬼蒐集録　虚空に向かって猫が啼く
妙な土地	百鬼蒐集録　虚空に向かって猫が啼く
役に立たない力	百鬼蒐集録　虚空に向かって猫が啼く
ゲームセンターの怪	百鬼蒐集録　虚空に向かって猫が啼く
あずけ物	現代百物語　幽刻記
おぼえてるもん！	現代百物語　幽刻記
何か言ってる	現代百物語　幽刻記
佐藤さんは通れない	現代百物語　幽刻記
十四人目の名前	現代百物語　幽刻記
地下のショーパブ	現代百物語　幽刻記
ひとりは怖い	書き下ろし
提灯行列	現代百物語　幽刻記
眼	現代百物語　怖イ話
赤い水	現代百物語　怖イ話
白いカラス	現代百物語　怖イ話
骨探し	現代百物語　憑ク話
ミサコ	現代百物語　因ル話
黄色いゴムボール	現代百物語　厭ナ話
コウジのお守り	現代百物語　厭ナ話
手作り石鹸	現代百物語　厭ナ話
ギィィィ	現代百物語　憑ク話
ミツジの仏壇	現代百物語　忌ム話
霧の中	現代百物語　怖イ話
歯	現代百物語　因ル話
こっちこっち	現代百物語　忌ム話
白い人	現代百物語　憑ク話
なじょすっぺ	現代百物語　殂ク話
島の旅館	現代百物語　因ル話
獄の墓	現代百物語　怖イ話
獄の記憶	現代百物語　憑ク話
獄の墓　後日談	書き下ろし

西浦和也選集　獄ノ墓

2021年4月5日　初版第1刷発行

著者　西浦和也

発行人　後藤明信

発行所　株式会社 竹書房

〒102-0072 東京都千代田区飯田橋2-7-3

電話03(3264)1576(代表)

電話03(3234)6301(編集)

http://www.takeshobo.co.jp

印刷所　中央精版印刷株式会社

定価はカバーに表示しています。

落丁・乱丁本の場合は竹書房までお問い合わせください。

ISBN978-4-8019-2588-5 C0193